JN080415

中文日訳の基礎的研究（三）

張　麟声　編

まえがき

前号が刊行されてからも、依然として暗中模索を続け、第3号はご覧の形に落ち着いた。また、翌年の第4号もこのような構成で継続することを現在は考えている。

「形」は流通のことも気にしながら、常に改善の工夫をしていくが、論集を刊行する目的は変わるものではない。中国語話者のための日本語教育をより効果的に進めていくことがそれである。

だが、そのような目的をずっと前から抱くようになったが、この種の論集の刊行を思いついたのは実はそれほど古いことではない。その思索の軌跡をすこし『中文日訳研究の基礎(一)』で述べてあるが、この第3号を手にする読者の方々にも知っていただければと思い、以下にその一部をすこし修正して再録する。

　日本語で話すにせよ書くにせよ、中国人学習者には、その日本語に、中国語の「痕跡」があれこれと見つかる。そのような「痕跡」を研究しているうちに、悟ったことがある。上級になっても、超級になっても残り続ける「痕跡」の多くは、中国語の発想によるものであり、それに対応する日本語の自然な言い方は、日本語の教科書で教わることがないということである。教科書で教わることがないというのは、そもそもそのような内容が教科書に組み込まれていないからである。

　では、どうして学習者が教科書で習っていない表現を口にするのかと言うと、現実的にそのようなコミュニケーションが必要だからである。中国の大学で4年間勉強しても、習う日本語の語彙数は1万数千で、文法形式の数は数百程度しかなく、とてもすべての現実に起こりうるコミュニケーションの需要を満たすことはできない。そのために、持ち合わせていない日本語の知識が求められるコミュニケーションの場になると、自分たちで「創造的に」頑張っていくしかない。その「創造的」な言語活動に母語である中国語の知識が生かされ、中国語の痕跡がその日本語に出てしまうのである。

　このことに気づいてから、日本語学習の初級の段階から、中国語独特の発想を組み入れた日本語の表現を少しずつ工夫して教材に入れていく努力をすべきだと思いはじめた。そして、この趣旨のことを張麟声 (2016)《汉

日対比研究与日语教学》（高等教育出版社）において、"从母语最常用、最突出的形式做起，一个一个地精确描写它们日译时的可能性，然后使用教材或辅助教材等手段，把结果交给学生。(pp.130)"（母語でたいへんよく使われ、たいへん目立つ形式から着手し、その日本語に翻訳する場合の可能なバリエーションを１つ１つ丁寧に記述して、教材や参考書の形で学習者に提供する）と主張した。

　第 3 号を読まれた方々の中で、第 4 号もぜひ読んで見たいと思われる方が何人おられるだろうか。そのことを楽しみに思いつつ、このあたりでペンを置く。

大阪府立大学　張　麟声

2021 年 10 月

目　次

1　語彙の中文日訳研究

上位概念 "楼" と下位概念語 "X 楼" の
日本語訳について

太田　匡亮

一　はじめに

　「楼」という漢字は，日本語母語話者から見れば「楼閣」「蜃気楼」「摩天楼」，さらに固有名詞を含めても「黄鶴楼」「紅楼夢」ぐらいしか思い浮かばない，ややなじみの薄いものであるが，ひとたび中国の大学キャンパスに足を踏み入れると，建物一つ一つに "教学楼（教一楼、教二楼……）、実験楼、綜合楼、宿舎楼、専家楼" などと名前がついており，中国語母語話者にとっては大変身近で使用頻度の高いものとなっていることが分かる[1]。ゆえに，特に中国語を母語とする日本語学習者にとって，これら中国語の語をどう日本語に訳すかが，重要な問題となる。

　各種の辞書を参考にすると，現代中国語において，"楼" の最も基本的な意味は「2 階建て以上の建物」と考えてよいと思われるが（2.1 の表 1 参照），このとき "楼" は相対的に見て抽象度の高い大きなカテゴリーであり，これを本稿では「上位概念」と呼ぶことにする。一方で "教学楼、実験楼、綜合楼、宿舎楼、専家楼" のように修飾成分 "X" ＋ "楼" の形をとるものは，"楼" というカテゴリーに含まれる，相対的に見て具体性の強い語で，これらは「下位概念語」と呼ぶことにする。

　本稿ではこのような「2 階建て以上の建物」を表す上位概念 "楼" とその下位概念語 "X 楼" に焦点を当て，これらをどう日本語訳するかを検討していくこととする。

二　上位概念 "楼" をどう訳すか

2.1.　辞書の記述と考察のポイント

　本節では，まず表 1 として，各種中日辞書に挙がっている "楼" の第一意味

―――――――――――
1) 本稿では，日本語は「」で，中国語は "" でくくることとする。

項目を見ておきたい。

表 1　辞書に見える【楼】の第一意味項目

辞書	【楼】の第一意味項目
①三省堂『超級クラウン中日辞典』	（二階建て以上の）建物．ビル．
②白水社『白水社中国語辞典』	2 階建て以上の建物．
③小学館『中日辞典』第 3 版	2 階建て以上の建物．ビル．
④愛知大学『中日大辞典』第 3 版	ビル．2 階建て以上の建物．

なお，表中①は中国の電子辞書にも収録されている辞書で，②と③はそれぞれ，中国からもアクセス可能なオンライン辞書サイト「Weblio[2]」と「コトバンク[3]」で無料検索が可能な辞書である。④は参考として挙げたものである。

　各種中日辞書の記述を比べてみると，一つには「2 階建て以上の建物」という意味説明の形があり，もう一つには「ビル」や「建物」のような対訳語を挙げる形がある。辞書としてはこれで過不足ないと思われるが，中文日訳を行う場合，中でも中国語を母語とする日本語学習者がこれを行う場合には，この上でさらに「中文日訳に必要な知識」を追記しなければならない。これが本節での考察のポイントである。"楼"を訳す際に必要な知識は，大きく次のようなものが挙げられるだろう。

　　①どのようなときに「ビル」と訳すのか
　　②どのようなときに「建物」と訳すのか
　　③「ビル」「建物」の両方が使えないのはどのような場合で，その場合はどのように訳すのか

これは，日本語学習者の持つ感覚としてより噛み砕いた表現をするなら，次のようになる。

　　①辞書を見て，「ビル」と「建物」という対訳語があることは分かった。しかし母語話者のような日本語の語感はないので，肝心の訳語選択基準が分からない。結局のところ，いったいどのようなときに「ビル」と訳せばよいのか。
　　②上記と同様の考え方で，いったいどのようなときに「建物」と訳せばよいのか。

2) https://cjjc.weblio.jp/cat/cgkgj（最終閲覧：2021 年 8 月 31 日）
3) https://kotobank.jp/（最終閲覧：2021 年 8 月 31 日）

③本当に「ビル」と「建物」の 2 語で，ありとあらゆる中国語を訳せるのか。
訳せないとすれば，それはどのようなときで，この場合どう日本語訳す
ればいいのか。

これを踏まえて本節では以下，上記 3 つの問題を順に取り上げていくこととする。

2.2. 訳語の検討

　ここでは，主に北京大学現代中国語コーパス（以下「CCL」），北京語言大学
中国語コーパス（以下「BCC」），中国伝媒大学メディア言語コーパス（以下
「MLC」）の 3 つのコーパスから用例を収集し，その日本語訳を検討していく [4]。

2.2.1. 「ビル」と訳す例

　2.1 の考察のポイント①と関わって，ここでは「ビル」と訳す例を取り上げる。

(1) 2016 年，上海中心大厦落成，楼高 632 米，是当今世界第二高大楼，体量相
当于一个 "站着的外滩"。上海中心大厦以其 "总部之楼" "创新之楼" 的功
能定位，吸引了一大批国际知名企业入驻。（BCC）

　（2016 年に完成した上海中心大厦（上海タワー）は，高さ 632 メートルで，
世界で 2 番目に高いビルであり，その規模は「外灘（バンド）を縦にした」
ようだとも言われている。このビルは「本部としてのビル」「イノベーション
のビル」という位置づけにより，多くの世界的有名企業を惹きつけてきた。）

　「ビル」を広辞苑で調べると「ビルディングの略。」とあり，「ビルディング」
を広辞苑で調べると「鉄筋コンクリートなどで造った高層建築物。」とある。日
本語母語話者の頭の中では，少なくともこれが，「ビル」の最も典型的な例（プ
ロトタイプ）になっていると考えてよいだろう。このことを確認した上で用例 (1)
を見ると，前文脈の "楼高 632 米" "当今世界第二高" から「高層建築物」とい
う特徴をはっきり読み取ることができる。このような場合は，「ビル」と訳せば
よいことになる。これは，用例内部の情報を参照して訳語を確定させるパター
ンである。

(2) 1999 年 11 月 12 日凌晨，一场大火把南京火车站的候车大楼（即站房）全部
烧毁。后来,站前广场上搭起了两座像蒙古包一样的临时候车室。2002 年 6 月,
临时候车室才被搬迁到车站西侧 200 米外的一座楼里。（BCC）

4）本稿の訳文は，"楼" の訳語部分を除き，学習者の日本語語彙力・表現力を考慮した訳出
にはなっていない。また，言語学の論文に見られるような，原文の使用語彙と文法構造を
忠実に再現した訳文にもしていない。

（1999年11月12日未明，南京駅で火災が発生し，駅の待合室（ターミナル）が全焼した。このため駅前広場には後に，遊牧民が用いるゲル（パオ）のような仮設待合室が2か所設置された。この待合室は2002年6月になってようやく，駅から200メートル西の ビル 内に移設された。）

2.1で見たように，中国語の"楼"自体は高層であるとは限らない。ここでは待合室の移設先として"楼"が用いられているが，用例を見る限りでは何階建てかを知るすべがなく，用途が待合室であることからしても，高層かどうかは判断しかねる。このような用例を翻訳する際は，翻訳者が当然行うべきこととして，背景情報の追加調査を要する。

"南京火车站 临时候车室 2002"などのキーワードでオンライン検索をすると，関連する人民ネットニュース記事のアーカイブ[5]が見つかった。もとは2002年6月3日に公開されたものであるが，その記事を見ると，"自6月6日起……（中略）……旅客购票、候车及车站办公将迁至车站西侧的南京铁道大厦"（6月6日より……（中略）……チケット販売窓口，待合室，駅事務室は駅西側の南京鉄道大厦に移転となる），"南京铁路分局腾出28层高的南京铁道大厦，投资1500多万元进行了改造、装修，作为南京站改建期间的过渡车站。"（南京鉄路分局は28階建ての南京鉄道大厦にスペースを確保し，1500万元余りの費用をかけて改装を行った後，南京駅再建期間中の仮施設とする）との情報が見つかる。これにより，用例(2)の"车站西侧200米外的一座楼"が"28层高的南京铁道大厦"であると特定でき，28階建てともなれば問題なく「ビル」のプロトタイプに合致することから，「ビル」と訳せばよいことになる。

訳語の確定までに大変回りくどい方法をとっているが，これも本稿の冒頭で述べたように，"楼"が「相対的に見て抽象度の高い大きなカテゴリー」であるがゆえ，必然的に発生した追加調査である。訳語確定のためには，追加調査によってできる限りその具体像に迫る必要が出てくる。これは，用例外部の情報まで参照して訳語を確定させるパターンである。

(3) "中央实施西部大开发战略以来，银川市的变化太大了：街道宽了，绿地多了，楼‘长’高了，人的思想也更加开放了！"（BCC）

（「政府が西部大開発を実施して以来，銀川市は大きく変わりました。道が広くなり，緑も増え，高い ビル が建つようになり，人々の考え方もさらに

5）新浪新闻"南京改造火车站 旅客购票、候车将搬至过渡车站"
https://news.sina.com.cn/c/2002-06-03/0448594172.html（最終閲覧：2021年8月31日）

開放的になりました。」)

　この用例では，"楼" が何階建てかを読み取る，あるいは調べるヒントはどこにもない。話者は特定の "楼" について話しているわけではなく，銀川市の全体的な様子を表現しているに過ぎない。しかしながら，"楼 '长' 高了" との内容から，"楼" に関する話の焦点は「以前を上回る高さ」にあると読み取れる。このように，高さに焦点を当てて表現する場合も，「ビル」と訳せばよいことになる。

(4) 像这样的储酒槽，大概有四层楼那么高，它在这个酒窖里面大概有 25 个，有
　　25 个，那它整个的存储量大概有 1750 吨。（MLC）

　　（訳例 1[6]：こういうお酒のタンクがですね，だいたい 4 階建ての ビル と同じ
　　高さなんですけども，この貯蔵庫に 25 個ぐらいですかね，25 個ありまし
　　て，で，これを全部合わせますと約 1750 トン貯蔵できるということになり
　　ます。）

　　（訳例 2[7]：このような，4 階建て ビル ほどの高さのタンクが，この貯蔵庫に
　　25 基あり，合計約 1750 トンのお酒を貯蔵可能です。）

　この用例に至っては，"楼" 自体が存在せず（実体を持たず），お酒の貯蔵タンクの高さを表すのに，比喩的表現として "四层楼" と話されているに過ぎない。4 階建てという高さは決して高層とは言えないが，しかし話の焦点はあくまでタンクの「高さ」にあり，全体としてタンクの高さや多さを聞き手に伝えようとしている。よって，この例でも「ビル」と訳して問題ないと考えられる[8]。

2.2.2. 「建物」と訳す例

　2.1 の考察のポイント②と関わって，ここでは「建物」と訳す例を取り上げる。

(5) 1993 年黑龙江省交通厅曾给五市交通局拨款 20 万元建客运站，记者在现场看
　　了那个当时建的客运站————处没有门窗、残破不堪的二层小楼。据说这
　　座楼是用当地企业车辆管理费抵来的。（BCC）

---

6)「小説などの会話文の翻訳」として訳した場合。ここでは冗長な言葉遣いを訳文にも反映
　　させ，話し言葉としての表現スタイルの維持を試みた。
7)「現場での逐次通訳」として訳した場合。ここでは冗長な言葉遣いは取り除き，情報を短
　　時間で簡潔に伝えられる訳出を試みた。
8)　テレビドラマ『アンナチュラル』第 8 話には，4 階建ての「雑居ビル」で火災が発生した
　　という場面がある。複数のテナントが入居するビルに関しては，「高層」でなくとも「ビル」
　　と呼ばれる傾向を指摘できる。加えて，やや特殊な例として空港ターミナルの場合，関西国
　　際空港第 2 ターミナルのように，平屋建てでも「ターミナルビル」と呼ばれる例がある。

（1993 年，黒竜江省交通庁は五大連池市交通局に，バスターミナルの建設費として 20 万元を支給したという。そこで，記者は当時建てられたターミナルに足を運んだ。ターミナルは，扉や窓がなくなり，ひどく荒れた 2 階建ての建物であった。この建物は，交通局が現地企業から徴収した公用車管理費により取得したものだという。）

「建物」を広辞苑で調べると「建築物。建造物。」とある。ビルが「鉄筋コンクリートなどで造った高層建築物。」であったことからすると，「建物」のほうが指し示す範囲が広く，特に「ビル」が不適切となる場合には，「建物」を使用するということになる。「ビル」の主要な特徴が「高層建築物」であったことを踏まえると，用例 (5) のような"二層小楼"には，「ビル」は不適切だと考えられる。このような場合は，「建物」と訳すことになる。

(6) 一些企业工厂、仓库、宿舍三地合一，在同一楼内，构成严重的事故隐患。（CCL）
　　（一部の企業は作業場，倉庫，社員寮が一つの建物の中にあり，事故につながりうる重大なリスクをかかえている。）

「建物」は指し示す範囲が広い語であるが，それゆえに，複数種類の設備が合わさった"楼"についても，「建物」と訳すことになる。

(7) 你想想，如果我是任何大学的校长，假如我真的把经费都花在提高教学质量和研究水平上，那我才是笨蛋。……（中略）……相比之下，如果我把这 10 个亿、20 亿都拿去盖一栋栋大楼，而且不断地盖新楼，每一来访者就会说：你的大学真的变化很大！你真是一个好校长！（CCL）
　　（考えてみてほしい。もし私がどこかの大学の学長だったとして，本当に予算を全部教育の質と研究のレベル向上のために使うとしたら，それこそ大バカだ。……（中略）……それと比べて，もし同じ 10 億か 20 億元としても，これを全部建物を建てるのに使うとしたら，それでもっていつも何かしら新しい建物を建て続けていれば，大学に来た人はみんな「キャンパスがらりと変わりましたね！　大学も素晴らしい学長さんを持ったものです！」と言うだろう。）

ここで押さえておきたいのは，学校内の施設の場合，たとえ高さが 15 階建てや 20 階建てであっても，「ビル」とは言いにくいという点である。このような場合も，「建物」と訳すことになる。

(8) 台湾和福建相隔很近，厦门和金门之间就象这座楼和那座楼之间的距离，是两家邻居。邻居之间有什么理由不和好呢？！（BCC）

（台湾と福建は近く，アモイと金門は隣り合う建物のような距離で，いわば
隣人同士です。隣人同士なのに仲良くしない理由などあるでしょうか。）

　この用例では，話者は特定の "楼" について話しているわけではなく，比喩
的表現として "楼" と "楼" の距離を持ち出している。ここでは，"楼" の高さ
に焦点を当てているわけでもないので，「建物」と訳すことになる。"这座楼和
那座楼" は逐語訳をすれば「この建物とあの建物」となるが，ここでは両者の
距離の「近さ」に焦点が当たっているので，「隣り合う建物」としておく。

2.2.3. 「ビル」「建物」以外に訳す例

　2.1 の考察のポイント③と関わって，ここでは「ビル」と「建物」以外に訳す
例を取り上げる。

2.2.3.1. 居住用の場合

　"楼" がもっぱら居住用である場合，「ビル」や「建物」とは言いにくく，「家」
「マンション」「アパート」「宿舎」などの具体的な語に訳すことになる。下にい
くつか例を挙げる。

(9) 一幢现代化的农村高层住宅楼近日在河南省武陟县西陶镇西滑封村落成，96
　　户村民告别了祖祖辈辈居住的低矮小屋，兴高采烈地搬进了这座 "中原农民
　　第一楼"。该楼高 16 层，户均面积 124 平方米，楼内装有中央空调、电梯及
　　消防设施。（BCC）

　　（河南省武陟県西陶鎮西滑封村の農村部に先日，モダンな高層マンションが
　　完成した。96 世帯の住民が先祖代々暮らしてきた低く小さな家に別れを告
　　げ，喜びと共にこの「中原農民第一マンション」に入居した。マンション
　　は地上 16 階建て，各戸平均面積 124 平方メートルで，セントラル空調とエ
　　レベーター，消防設備を完備している。）

　この用例では，前文脈の "农村高层住宅楼" から「マンション」という訳語
が導き出される。"楼内装有……" の "楼" は前文脈中に既出のため，訳さなく
てよい。

(10) 今天早上七点多，宝安石岩发生了惊险的一幕，一个五岁的小女孩从四楼
　　自家阳台上掉了下来，所幸最后的结果是这个孩子并无大碍。……（中略）
　　……晓芬这次可以死里逃生，林女士说还得感谢停在自己家楼下的那辆面包
　　车。……（中略）……这辆面包车是楼下杂货铺的，今天刚好停在门口准备

卸货。（MLC）

（今朝 7 時過ぎ，宝安区石岩街道で緊張の一幕があった。5 歳の女の子が 4
階にある自宅のベランダから転落したのである。幸い，女の子の命に別状
はなかった。……（中略）……暁芬ちゃんが今回一命をとりとめたことに
ついて，母親の林さんは，家の前に停められていたバンに感謝しなければな
らないと言う。……（中略）……このバンは 1 階の雑貨店の車で，今日はちょ
うど店の入口のところで荷物を降ろそうとしていたのだという。）

　この用例では，「マンション」か「アパート」か，といった判断の材料となる
情報はない。このような場合で，かつ全体の内容から見て「マンション」か「ア
パート」かを特定する必要がない場合は，「家」と訳すことになる。なお，二重
下線部の“楼下”は，「2 階建て以上の建物の 1 階」を指し示していることから「1
階」と訳すことになる [9]。

(11) 我们宿舍经常有人接电话时说：你出来吧，我都到了你们楼下了。其实他还
　　 坐在电脑面前 ..... （BCC）

　　 （同じ宿舎の友人は，しょっちゅう「出ておいでよ。もう宿舎の前まで来て
　　 るから」と電話しているが，そう言う本人は，実際のところまだパソコン
　　 の前にいる。）

　この用例では，前文脈から「宿舎」と訳すことになる。

2.2.3.2. “数字＋号＋楼”の場合

　“楼”に番号を振る形式“数字＋号＋楼”の場合も，「ビル」や「建物」は使わず，
基本的には「数字＋号＋棟」と訳すことになる。

(12) 我对我女儿介绍说：“这是住在我们一号楼的隋叔叔。”我女儿便叫了一声：“隋
　　 叔叔，你好！”（CCL）

　　 （娘に「1 号棟の隋さんだよ」と紹介すると，娘も「隋さん，こんにちは」

---

9) “楼下”の“楼”が「2 階建て以上の建物」を表すのか「建物の階」を表すのかという問題は，
　 判定に揺れが出やすいようである。前者の意味のときは本稿の考察対象であるが，後者の
　 意味のときは考察対象外である。そのため本稿では暫定的措置として，“楼下”を「1 階」
　 と訳す例について，特に節を設けて取り上げることは避け，用例内でわずかに触れるにと
　 どめる。ただし筆者自身は，次のような考えを持っている。
　　　“楼下”にはまず，“停在自己家楼下的那辆面包车”のような“楼”外部を指し示す用法と，
　 “楼下杂货铺”のような“楼”内部を指し示す用法が挙げられる。このうち後者には，「1
　 つ下の階」を表す場合と，「建物の 1 階」を表す場合が挙げられる。“楼下”が 1 つ下の
　 階を表す場合，この“楼”は「建物の階」と解釈するのが妥当で，“楼下”が建物の 1
　 階を表す場合，この“楼”は「2 階建て以上の建物」と解釈するのが妥当であろう。

とあいさつした。）

「棟」自体は，一つの施設内に複数の建物があるときに，その一つ一つを指して用いることが多い。これについては，第3節でも再び取り上げる。ただし，注意が必要な特殊なものとして，次の例が挙げられる。

(13) 全国人大常委会委员长李鹏今天中午前往克里姆林宫 一号楼，会见俄罗斯总统普京。（CCL）

（全人代の李鵬常務委員長は今日正午，クレムリンの 大統領官邸 を訪れ，ロシアのプーチン大統領と面会しました。）

これに関しては，"一号楼"全体で一つの固有名詞と解釈したほうがよいかもしれない。

2.2.3.3. 公共施設に見られる案内など，固定表現の場合

(14) 进入 楼 内 禁止吸烟（万图壁纸网[10]）

（館 内禁煙）

日本語では「公共の大きな建物」を幅広く「館（かん）」で表すが，このため公共施設の案内表示などにおいて，"楼内"を「館内」と訳す例が出てくる。すでに取り上げた訳語を用いて「建物内禁煙」などとしても何ら間違ってはいないが，案内表示のような言語景観に関しては，習慣的に用いられる固定表現として「館内禁煙」のような訳し方も，可能な範囲で押さえておきたい。

三 下位概念語"X楼"をどう訳すか

"楼"は中国語の中で，高い生産性を有している。言い換えると，"楼"は様々な下位概念語"X楼"を形作っている。したがって下位概念語"X楼"は，そのすべてを列挙できる性質のものではなく，実のところ，辞書に見出し語として収録されていないものも少なからずある。辞書にもないというのは，日本語学習者にとって厄介である。

そこで本節では，下位概念語"X楼"のうち，辞書に見出し語として収録されていない語に焦点を当て，その訳し方を考えていくこととする。辞書未収録の下位概念語"X楼"の中でも，中国の大学で日本語を学ぶ学習者が最も必要としているものは，学校施設を表す語と考えて間違いないであろう。

10）https://wantubizhi.com/pic/ 楼内禁止吸烟通知 /（最終閲覧：2021年8月31日）

ここで，本稿の冒頭にも挙げた語を再掲する。

教学楼

教一楼、教二楼……

実験楼

綜合楼

宿舎楼

専家楼

上記6種のほか，"学部・学問分野名＋楼"という形の語も数多くある。次の文を見られたい。ここではあえて日本語訳は示さない。

(15) 一九四九年，北京解放了，燕京大学终于回到了祖国的怀抱，而成为人民的大学。前年又并入北京大学成为北大的一部分。不久以前,我曾满怀着兴奋的心情，到北京大学巡礼。进了大门，过了小桥，绕过湖边，向南穿过小山，在浓密的树荫之中，掩映着重重叠叠的新的高大建筑，那是 文史楼, 哲学楼, 生物楼, 化学楼……真是五步一楼，十步一阁，比过去燕京大学三十多年的建筑，多出几乎一半！（BCC）

本節では，以上7種の語に考察対象を絞り，これらをどう訳すかを検討していく。

　2.2.3.2では，一つの施設内に複数の建物があるときに，その一つ一つを指して「棟」を用いることが多いとしたが，本節での訳語検討もこれを基礎として，話を分かりやすくするために，次のような形で「訳し方のパターン候補」を挙げておくことにする。

パターン①「修飾成分＋棟」

パターン②「修飾成分＋棟」から「棟」を削除

パターン③「修飾成分＋棟」または「数字＋号館」

本節では以下，上記3つのパターンを順に取り上げていくこととする。

3.1.　パターン①「修飾成分＋棟」

　このパターンは最も基本的で，適用範囲の広い訳し方だと考えられるが，これを用いると"教学楼""実験楼""綜合楼""学部・学問分野名＋楼"を訳すことができる。「棟」自体は2.2.3.2において，一つの施設内に複数の建物があるときに，その一つ一つを指して用いることが多い点に触れた。このことを踏まえると，一般に複数の建物で構成される大学施設のような場所でも，まずは各種"X楼"を「X棟」の形に訳す発想が生まれてくる。

3.1.1. 教学楼

　"教学楼" は，辞書に見出し語としては挙がっていないが，小学館『中日辞典』第 3 版の【楼】の例語には，「教室棟」との記載がある。しかしこれで満足せずに，実際に日本の大学のホームページを調査してみることも，意義があると考えられる。

　東京大学の駒場地区キャンパスマップでは，実際に「教室棟」という語が用いられている。一方で，東京工科大学，一橋大学，岡山大学などでは「講義棟」が用いられ，これに類する形で，東京外国語大学や大阪大学では「研究講義棟」という表現も用いられている。「講義棟」とそれに類する形が多く使われる傾向が見えてきたところで，Google による完全一致検索を行ってみたところ，「教室棟」は 217000 件，「講義棟」は 523000 件との結果が得られた[11]。以上を総合して考えると，"教学楼" は「修飾成分＋棟」の形で「講義棟」と訳しておくのが妥当であると考えられる。「研究講義棟」に関しては，特に授業教室と研究設備の両方があることを表現したい場合に使えばよいことになる。

3.1.2. 実験楼

　"実験楼" は，やはり「修飾成分＋棟」の形で「実験棟」と訳しておけば，問題ないと考えられる。日本の大学のホームページを調査してみると「講義実験棟」との表現も見つかるが，これは「研究講義棟」と同様の考え方で，特に授業教室と実験設備の両方があることを表現したい場合に使えばよいことになる。

3.1.3. 綜合楼

　"綜合楼" についても，「修飾成分＋棟」の形で「総合棟」と訳しておけば，問題ないと考えられる。ただし日本の大学のホームページでは「本部棟」との表現も見られ，特に大学本部機能の存在に焦点を当てたい場合に，必要に応じてこのような表現も検討すればよいということになる。

3.1.4. 学部・学問分野名＋楼

　"学部・学問分野名＋楼" は，"文学楼" "哲学楼" "化学楼" のように「単音節成分 Y＋学＋楼」になるものと，"文史楼" "生物楼" "物理楼" のように "学" を含まず，"2 音節の学部・学問分野名＋楼" になるものがある。これらはいず

11）2021 年 7 月 31 日時点。

13

れも「『学』を含む学部・学問分野名＋棟」と訳しておけば，基本的には問題ないと考えられる。以下，もう少し細かく見ていく。

3.1.4.1. 単音節成分 Y ＋学＋楼

　“文学楼”“哲学楼”“化学楼”のような語は，基本的には“楼”を「棟」にするだけでよく，「文学棟」「哲学棟」「化学棟」としておく。

3.1.4.2. 2 音節の学部・学問分野名＋楼

　“生物楼”“物理楼”のような語は，“楼”を「棟」にするだけでなく，「学」を加えて「生物学棟」「物理学棟」と訳したほうがよい。“文史楼”については“文学”と“史学（历史学）”の並列構造なので，翻訳においては「文・史学棟」や「文学・史学棟」と訳しておく。通訳においては音声言語のため，「史学」と「歯学」の混同を防ぐ目的から，「文学・歴史学棟」と表現したほうがよい。なお，これは“史学楼”を訳す場合も同様に必要な配慮である。

3.2. パターン②「修飾成分＋棟」から「棟」を削除

　このパターンを用いるのは基本的に宿舎のような居住用の建物である。このパターンを用いると“宿舎楼”“专家楼”を訳すことができる。

3.2.1. 宿舎楼

　“宿舎楼”は，パターン①の方法で「宿舎棟」と訳しても間違いではないが，日本語では通常，単に「宿舎」と言えばよく，あえて「宿舎棟」とする必要はない。そこで，翻訳の際にも「宿舎棟」から「棟」を削除し，よりこなれた日本語にしておく。

3.2.2. 专家楼

　“专家楼”は，逐語的に「専門家棟」としても日本語にならない。このような場合は，“专家楼”の主要な目的を考慮し，それを日本語訳に反映させることになる。在外研究で南開大学の“专家楼”に滞在した立命館大学の宇野木洋教授は，立命館孔子学院のコラム[12]に「专家楼（外国人教員宿舎）」と書いている。当時の南開大学“专家楼”の主要な目的が外国人教員の滞在であることを踏まえた

12）http://www.ritsumei.ac.jp/confucius/column/backnumber2/#vol.60（最終閲覧：2021 年 8 月 31 日）

訳語であろう。

　このほか，北京語言大学では以前，"高級進修生" という区分で留学した学生は "専家楼" に滞在していたという。この場合は，"高級進修生" の滞在という目的に焦点が当たるので，「高級進修生宿舎」などと訳さなければならない。いずれにせよ，各種の「宿舎」は "宿舎楼" のときと同様，あえて「宿舎棟」とする必要はなく，「棟」を削除し，よりこなれた日本語にしておく。

3.3.　パターン③「修飾成分＋棟」または「数字＋号館」

　このパターンを用いるのは，建物に番号が振られている場合である。このパターンを用いると "教一楼、教二楼……" を訳すことができる。

3.3.1.　教一楼、教二楼……

　"教一楼、教二楼……" は "教学楼" に番号が振られたものなので，3.1.1. 教学楼の訳「講義棟」を基礎として考えることになる。最も基本的な訳し方は「第1講義棟，第2講義棟……」であろう。ただしここでも，日本の大学のホームページを調査してみると，ほかに早稲田大学などの例として「1号館，2号館……」との表現が確認できる。これも候補としてよいと考えられる。

四　まとめ

　以上から，上位概念 "楼" と，辞書未収録の学校関連の下位概念語 "X楼" の日本語訳について，それぞれ次のような仮説を提示できる。

4.1.　上位概念 "楼" をどのような日本語に訳すか

⑴ "楼" が居住用の場合，基本的には「家」「マンション」「宿舎」などと訳す。
⑵ "楼" が "数字＋号＋楼" の形をとる場合，基本的には「数字＋号＋棟」と訳す。
⑶ "楼" が⑴⑵に示す以外の場面で，高層建築物を指して，あるいは高さに焦点を当てる文脈下で使用される場合，基本的には「ビル」と訳す。
⑷ "楼" が⑴⑵⑶に示す以外の場面で使用される場合，基本的には「建物」と訳す。
⑸ このほか，"楼" が公共施設に見られる案内など，固定表現に用いられている場合，「館」と訳す場合もある。

4.2. 下位概念語 "X 楼" をどのような日本語に訳すか

⑴ "教学楼" "实验楼" "综合楼" "学部・学問分野名＋楼" など，大半の建物については，基本的には「修飾成分＋棟」の形で，「講義棟」「実験棟」「総合棟」「文学棟」「物理学棟」などと訳す。

⑵ "宿舍楼" "专家楼" など，宿舍のような居住用の建物については，基本的には「修飾成分＋棟」から「棟」を削除した形で，「宿舍」「外国人教員宿舍」などと訳す。

⑶ "教一楼，教二楼……" のように，建物に番号が振られたものについては，基本的には「修飾成分＋棟」または「数字＋号館」の形で，「第1講義棟，第2講義棟……」「1号館，2号館……」などと訳す。

　以上8つの仮説は，"楼" に関して2.1で挙げた3つの考察ポイントと，"X 楼" に関して第3節で挙げた7種の語をどう訳すかについて，一応の答えを示した形になる。

　ただ，このように仮説を列挙しても，学習者からすれば「"楼" とその関連語彙を訳すのに，8つも規則を覚えないといけないのか。記憶の負担が大きすぎる」と感じられるだろう。上に示したのは「どんな日本語に訳すか」という「中文日訳の結果」に軸を置いた記述であった。そのために，「どんな日本語に訳すか」をひたすら暗記するという負担が生じるのである。

　この状況を打開するためには，アプローチを変えて「中文日訳のプロセス」，言い換えれば「何をどのように考えれば，上記の中文日訳の結果にたどり着けるのか」にも目を向ける必要があるのではないだろうか。日本語学習者が上に挙げた8種類の「中文日訳の結果」にたどり着くためのプロセスを，下記3つにまとめ，やはり仮説として提示してみたい。

4.3. 何をどのように考えて訳すか

⑴ まずは辞書から参考になる情報が得られないか確認

　"楼" の場合は辞書に載っているので，まずは辞書をもとに，「ビル」と「建物」が訳語の主な候補となることを確認する。候補が定まったら，日本語での「ビル」と「建物」の意味・用法をさらに確認した上で，中国語の原文を背景情報まで含め丁寧に読み取り，原文中の "楼" がどの訳語候補に当たるのかを検討する。

　学校関連 "X 楼" の場合は辞書を頼りにできないので，プロセス⑵へ進む。

　⇒このプロセスが，4.1の⑶⑷の結果につながる。

⑵ 既習語彙の中に使用可能なもの，より適切なものがないか確認

　"楼"を訳す際には，日本語学習者でも学ぶような「家」「マンション」「宿舎」などの語が，「ビル」「建物」より具体的で，的確な訳だと考えられる場面が出てくる。このような場合は学習者自身の既習語彙も訳語の候補に挙げ，原文中の"楼"をどのように訳せばよいか検討する。

　学校関連"X楼"を訳す際には，学習者自身の日本語語彙知識が直接試されることになる。まず語彙学習の段階で，日本語の「棟」の使われ方を押さえておきたい。これを踏まえて，「修飾成分＋棟」の形で訳せないかという検討に進む。はじめに辞書を頼れなかった代わりに，この訳語検討の段階で，自身の知識以外の情報源として実際に日本の大学のホームページなども検索し，実例を探して検証作業を行うとよい。

　⇒このプロセスが，4.1 の⑴，4.2 の⑴の結果につながる。

⑶ 上記のほかに，日本語で習慣的に使われている表現がないか確認

　"楼"の場合は「数字＋号＋棟」や案内表示の「館内」といった固定的な形を，学校関連"X楼"の場合は「宿舎」のように「棟」をつけなくてもよい例や「数字＋号館」といった形を，この調査・検討プロセスで確認して，よりこなれた日本語を目指していく。

　⇒このプロセスが，4.1 の⑵⑸，4.2 の⑵⑶の結果につながる。

　もし上記のような3つの「中文日訳のプロセス」，いわば「考え方」を用いることで，学習者自身が本節はじめに挙げた8つの「中文日訳の結果」を導き出せるとすれば，プロセスを示すことの重要性も無視できない。

　日本語学習者にとって理想的な中文日訳研究には，張麟声（2016）の指摘するように"从母语最常用、最突出的形式做起，一个一个地精确描写它们日译时的可能性"（「母語でたいへんよく使われ，たいへん目立つ形式から着手し，その日本語に翻訳する場合の可能なバリエーションを1つ1つ丁寧に記述」[13]する）という作業が必要となるが，この作業で扱う語彙や文法に漏れがあると，結果として張麟声（2019）「まえがき」の指摘するような，学習者がコミュニケーションで必要とする内容が教科書に組み込まれておらず，中国語の発想を日本語の自然な言い方で表現できない，という問題が起こる。

　一方で，下位概念語"X楼"には，辞書に収録されているもの，本稿で取り

---

13) カギカッコ内は張麟声（2019）「まえがき」からの引用。

上げたもの以外にも様々な語が挙げられ，そのすべてを網羅的に列挙すること
は不可能である。学校関連に範囲を絞っても，なおそのすべてを網羅すること
はできない。このような状態では，張麟声（2019）の指摘する問題を，根本か
ら解決することがかなわなくなる。

　そのような状況下では，「中文日訳の結果」を丁寧に記述する張麟声（2016）
の方法に加えて，上に挙げたような中文日訳のプロセス，言い換えれば「考え方」
も合わせて提示し，これを身に着けてもらえるようにすることが，問題解決へ
の道の一つになるのではないだろうか。このようにしてはじめて，学習者自身
が主体的に考える「応用力」の育成へとつながり，この応用力があれば，抽象
的で扱いの難しい上位概念や，辞書にも収録されていない，本稿でも扱えてい
ない様々な語にも，幅広く対応していくことができるようになると考えられる。

参考文献

愛知大学中日大辞典編纂所（編）（2010）『中日大辭典』第 3 版　大修館書店.

伊地智善継（編）（2002）『白水社中国語辞典』白水社.

新村出（編）（2018）『広辞苑』第 7 版　岩波書店.

張麟声（2016）『汉日对比研究与日语教学』高等教育出版社.

張麟声（編）（2019）『中文日訳の基礎的研究（一）』日中言語文化出版社.

北京商務印書館・小学館（編）（2016）『中日辞典』第 3 版　小学館.

松岡榮志（編集主幹），費錦昌・古川裕・樋口靖・白井啓介・代田智明（編著）（2008）
　　『超級クラウン中日辞典』三省堂.

2　前置詞的表現の中文日訳研究

"给"の日本語訳について

古賀　悠太郎

一　はじめに

　本稿では，(物・事の) 授与を表す前置詞の "给" を含む文 (や節)，つまり "给 - 人 -V" の日本語訳について検討する[1]。

　　(1) 小李 要 给 - 小杨 - 买 一本书。(参考訳：李さんが楊さんに 1 冊の本を買う。)
　　　　 给 - 人 - V

"给 - 人 -V" のパターンにおいて，「前置詞 "给"」はある物の「受納者 "人"」，あるいは「動詞 (V) が表す動作の受益者 "人"」を導く働きをする[2]。例 1 で，前置詞 "给" は人物 "小杨"（楊さん）を導いているが，この "小杨" は "一本书"（一冊の本）の受納者である。また，たとえばこの "一本书" が "小杨" にとってありがたい贈り物ということであれば，"小杨" は同時に "买"（買う）という動作の受益者にもなる。

　さて，本稿では，"给 - 人 -V" の日本語訳について主に以下の 2 つの点を検討したい。

　　① "给 - 人" 部分はどのように訳すか——「〜に」か「〜のために」か

　　　　（"给" は受納者・受益者である "人" を導くが，日本語で受納者や受益者を導く要素として代表的なものは格助詞「に」や「のために」であろう[3])

---

1) 中国語にはほかにも "V- 给 - 人" や "V- 人" といった授与を表すパターンも存在するが，本稿ではこれらを対象にしない。
　(i) 小李 寄 - 给 - 小杨 一本书。(参考訳：李さんが楊さんに 1 冊の本を郵送する。)
　(ii) 小李 送 - 他 一本书。(参考訳：李さんが楊さんに 1 冊の本を贈る。)
2) 前置詞の "给" が受納者や受益者を導くという点については，呂叔湘（1999:225-227）やその日本語訳版である牛島・菱沼（2003:141-143）を参照されたい。
3)「のために」は「複合格助詞」（日本語記述文法研究会 2009），あるいは「格助詞相当句」と呼ぶべきであろうが，便宜上，ここでは「に」「のために」ともに「格助詞」として扱う。また，「〜に」や「〜のために」のほかに，"给 - 人" 部分を日本語ではあえて訳出しないという選択肢もあり得るだろう。ただし，「〜に」か「〜のために」かの選択が文法的な問題であるのに対して，「〜に／〜のために」か「訳出しない」かの選択は主に場面・文脈の問題であり，文法的な問題ではない。そのような理由から，本稿では，"给 - 人" 部分を訳出しないという可能性については検討しない。

② "V"（動詞）部分はどのように訳すか——「Vのみ」か「V-てやる（てあげる）／V-てくれる」か

（"给-人-V"は（物・事の）授与を表すが，日本語で（物・事の）授与を表す形式として代表的なものは「V-てやる（てあげる）／V-てくれる」であろう[4]）

二　"给 - 人 - V" の分類

"给 - 人 -V" の日本語訳について検討するにあたり，まずは，"给 - 人 -V" をその形式的な特徴に基づいていくつかに分類しておきたい。ただし，これはあくまで日本語訳についての検討を進めていく上での便宜を図るための分類である。

2.1　典型的な "给 - 人 - V" とその他のパターン

まず，例1の "小李 给 - 小杨 - 买 一本书。" が使用頻度の点などから「①典型的な "给 - 人 -V"」であるとするならば，少なくとも次の2つのパターンについては，これとは別に日本語訳を検討したほうがよいと思われる。すなわち，"给 - 人 -V" の動詞（V）の後ろに "人" と関連性を有する名詞（N）が続くパターン（② "给 - 人 -V-N"）と，受納者・受益者が "我"（私）であるパターン（③ "给 - 我 -V"）である。

　（2）爸爸 给 - 小孩子 - 洗 头发。（参考訳：父親が子どもの髪を洗う。）

　この例で，動詞 "洗"（洗う）の後ろに位置する "头发"（髪）は "小孩子"（子ども）の身体の一部分であるから，明らかに "小孩子" と関連性を有する名詞である。つまり，これは「② "给 - 人 -V-N"」のパターンである。

　（3）小李 给 - 我 - 买 一本书。

　　　（参考訳：李さんが私に1冊の本を買ってくれる。）

　この例は，説明するまでもなく「③ "给 - 我 -V"」のパターンである。

4）「V-てやる」「V-てくれる」とともに日本語の授受表現の体系を成すのが「V-てもらう」である。しかし，授受を授与（与える）と受納（受け取る）に分けるならば，「V-てやる」「V-てくれる」は主語の位置を占める名詞が（物・事の）授与者であるという意味で授与表現であるが，「V-てもらう」は主語が（物・事の）受納者であるという意味で受納表現である（二郎が太郎に本を1冊買ってもらう）。そのようなわけで，本稿では，"给 - 人 -V" 構文の "V" 部分を「V-てもらう」に訳す可能性については検討しない。

2.2　"给 - 人 - V" を形成する動詞（V）の種類

次に，特に「①典型的な"给 - 人 -V"」については，さらにその動詞（V）が二項動詞である場合と三項動詞である場合に分けて日本語訳を検討していきたいと思う。

（4）a 小李 给 - 朋友 - 买 礼物。（参考訳：李さんが友だちにプレゼントを買う。）

　　　b 小李 给 - 朋友 - 寄 包裹。（参考訳：李さんが友だちに小包を郵送する。）

例 4a は動詞（V）が二項動詞"买"（N を買う）で，例 4b は三項動詞"寄"（〜に N を郵送する）である。

ただし，すべての二項・三項動詞が"给 - 人 -V"を形成できるわけではない。杉村（2006）や今井（2018）といった先行研究によると，"给 - 人 -V"を形成できる主な二項・三項動詞は次のようなものである。

表1　"给 - 人 - V" を形成する二項・三項動詞の例

二項動詞		三項動詞	
"做"	N を作る	"讲"	〜に N を話す
"缝"	（服を）縫う	"说"	〜に N を言う
"盖"	（家を）建てる	"讲述"	〜に N を述べる
"沏"	（お茶を）入れる	"讲说"	〜に N を講義する
"买"	N を買う	"寄"	〜に N を郵送する
"要"	N を注文する	"写信"	〜に手紙を書く
"领"	N を受け取る	"汇"	〜にお金を送る
"拿"	N を受け取る	"打电话"	〜に電話をかける
"偷"	N を盗む	"发短信"	〜にショートメールを送る
"抢"	N を奪う		
"借"	N を借りる		

2.3　本稿の方針

ここまで 2.1 節と 2.2 節で述べたことをまとめると，本稿では，"给 - 人 -V"を次のように分類することになる。

①典型的な"给 - 人 -V"

　・動詞（V）が二項動詞

・動詞（V）が三項動詞

②"给 - 人 -V- N"（動詞（V）の後ろに"人"と関連性を有する名詞（N）が続く）

③"给 - 我 -V"（受納者・受益者が"我"）

その上で，それぞれについて，"给 - 人"部分は「〜に」に訳すか「〜のために」に訳すか，"V"部分は「V のみ」に訳すか「V- てやる（てあげる）／ V- てくれる」に訳すかという問題について検討していく。

ただし，結論の一部分を先に述べるならば，まず，"给 - 人"部分は基本的に「〜に」に訳せばよいと思われる。筆者は，今回《推拿》《兄弟 上部》《紅蝗》の 3 つの小説から"给 - 人 -V"の例とその日本語訳を 116 例収集したが，収集された用例のうち"给 - 人"部分が「〜に」に訳されていたものは 46 例で，「〜のために」は 5 例であった。したがって，"给 - 人"部分については，基本的に「〜に」に訳すということを前提としたうえで，それでも「〜のために」に訳すのが可能になる，または訳したほうがよいのはどのような場合であるかを検討することになる。

また，"V"部分は基本的に「V のみ」に訳せばよいと思われる（"给 - 小杨 - 买〜"→「楊さんに〜を買う」）。今回収集された用例のうち，"V"部分が「V のみ」に訳されていたものは 80 例であったのに対して，「V- てやる（てあげる）」は 17 例，「V- てくれる」は 2 例であった。そのようなわけで，"V"部分については，基本的に「V のみ」に訳すということを前提とした上で，それでも「V-てやる（てあげる）／ V- てくれる」が可能になるのはどのような場合であるかを検討することになる。

ただし，久野（1978:152）の「補助動詞「クレル・ヤル」の視点制約」から，"给 - 人 -V"の中で「V- てくれる」に訳される可能性があるのは「③"给 - 我 -V"」（受納者・受益者が"我"）のみであることが予想できる。一方，それ以外のパターンでは「V- てやる（てあげる）」（あるいは「V のみ」）に訳される可能性はあっても，「V- てくれる」に訳されることはない[5]。したがって，「①典型的な"给 - 人 -V"」「②"给 - 人 -V- N"」についてはもっぱら「V- てやる（てくれる）」に訳すことが可能になる場合についてのみ検討する。

5）厳密には，"小李 给 - 小杨 - 买 一本书。"（①の例）→「李さんは楊さんに 1 冊の本を買ってくれる。」のように，③のほかに①・②の一部分も「V- てくれる」に訳せることがある。ただし，このような例が「V- てくれる」に訳される場合の多くは，受納者（受益者）である"小杨"が話し手の家族・親族・家族など「私の〜」と呼べる存在である場合であり，つまりは「③"给 - 我 -V"」に準ずると見てよいだろう。そのような事情から，①・②については「V- てくれる」に訳される可能性を検討しない

三　典型的な "给 - 人 - V"（1)──動詞（V）が二項動詞

　第3節では,「①典型的な "给 - 人 -V"」のうち二項動詞（"做、买"など）が
"给 - 人 -V" を形成する場合の日本語訳を検討する。

3.1 "给 - 人" 部分

　二項動詞が "给 - 人 -V" を形成する場合, "给 - 人" 部分は「〜に」に訳すこ
とが多いが,「〜のために」に訳すことも可能である。

(5)　然后宋凡平带着李光头和宋钢走下了汽车，他们站在李兰的车窗下，李兰
　　无限深情地看着他们三个人，宋凡平说一句话，她就点一次头，最后宋凡
　　平说回来时别忘了 给 - 孩子 - 买点 什么，咬着甘蔗的李光头和宋钢立刻喊
　　叫起来："大白兔奶糖！"（兄弟）
　　やがて宋凡平は李光頭と宋鋼を連れてバスから降りると，李蘭の席の窓
　　の下に立った。李蘭は限りない思いをこめて三人を見つめた。宋凡平が
　　一言言うたびに，頷いている。最後に，戻るとき子供たちに <u>{／のため
　　に}</u> 土産を買って帰るのを忘れないように，と宋凡平が言うと，サトウ
　　キビをかじっていた李光頭と宋鋼がたちまち大声をあげた。「大白兎ミル
　　クキャンディー！」

　この例の場面は，李蘭が長距離バスで長旅に出るのを夫の宋凡平と子供たち
の李光頭と宋鋼が見送っているところである。ここで宋凡平は李蘭に "回来时
别忘了 给 - 孩子 - 买点 什么" と言っており，その日本語訳を参照すると「<u>子
供たちに土産を買って帰る（のを忘れないように）</u>」となっているが,これを「<u>子
供たちのために土産を買って帰る</u>」に入れ替えても日本語として十分に成立す
る。つまり, "给 - 人" 部分は「〜に」と「〜のために」のどちら訳すこともで
きる。

　さらに，いくつか他の例を挙げておく。

(6)　李兰拉着李光头和宋钢来到了人民饭店，他们很久没有来人民饭店了，〔…〕
　　现在的饭店里冷冷清清，李兰 给 - 他们 - 要了 两碗阳春面，（兄弟）
　　李蘭は李光頭と宋鋼の手をひいて，人民飯店にやってきた。ここに来た
　　のは，ずいぶん久しぶりだった。〔…〕今，店の中はひっそりと寂しい。
　　李蘭は<u>彼らのために {／に}</u> 陽春麺を二杯注文し,

(7)　爸爸，我们 给 - 你 - 做了 煎虾，（兄弟）

27

父さん，僕らが父さんのために｛／に｝作ったエビだよ。

　これらの例では，いずれも"给-人"部分は「〜のために」に訳されているが，これを「〜に」に入れ替えてもやはりまったくもって問題ない。

3.2　"V" 部分

　次に，"V" 部分については，「V のみ」に訳しておけばよいが，「V- てやる（てあげる）」に訳すことも（場合によっては）可能である。[6]

(8)　你拒绝接受她的钱，你说要等她病好了才收她的钱。你 给-她-抓了 三副药，一副药吃两遍，早晚各一次，三天之后，吃完药，你让她再来一趟。(红蝗)
　　あなたはカネは受け取らず，病気が治ってからでよいと言ったのでした。女に出した｛／出してあげた｝薬は三種類で，それぞれ朝晩二回服用し，三日経って薬を飲み終えたら，もう一度来るようにと，あなたは言いました。

(9)　她把家里所有的钱都带上了，她想 给-自己的丈夫-买 一口最好的棺材，可是她的钱不够，(兄弟)
　　夫に最高の棺桶を買ってあげたい｛／買いたい｝と思った彼女は，家中の金をかき集めた。

　日本語訳を参照すると，"V" 部分は例 8 では「V のみ」（出した），例 9 では「V-てやる（てあげる）」（買ってあげたい）に訳されているが，これらは相互に入れ替えてもまったく問題ないと思われる。

3.3　理由の考察

　では，二項動詞が "给-人-V" を形成する場合にはなぜ「〜のために」「V-てやる（てあげる）」に訳すことが可能になるのかと言えば，"给-人-V（二項動詞）" は "人" にとっての恩恵性を表し得るからである。

　たとえば，"做花冠"（V-O 構造）は「花冠を作る」という動作を表すにすぎず，"给小杨花冠"（二重目的語構造 "给-人-O"）は「楊さんに花冠を授与する」という物の授与を表すにすぎない。しかし，"给-小杨-做 花冠" であれば，"做花冠"（花冠を作る）→"给小杨"（楊さんに授与する）という流れになることから，

---

6)　「V-てあげる」のほうが，「V-てやる」が含む「ぞんざいさ」が回避されるため，いくぶん使用しやすいと思われる。そこで，以下の部分では，「V-てやる（てくれる）」に訳すことが可能であるかを観察するための例文を作成する際，動詞の形は「V-てあげる」に統一する。

「動作のみ」「物の授与のみ」ではなく，同時に「事（サービス）の授与」も行われることになり，ここに恩恵性が生じる[7]。そして，その恩恵性が日本語では「〜のために」や「V- てやる（てあげる）」をもって表現することを選択しやすくしているのであろう。

　ただし，「〜のために」と「V- てやる（てあげる）」では表す恩恵の性質がやや異なるということには留意しておいたほうがよい。

（10）a 父親が子供のために知育玩具を買う。

　　　b 父親が子供に知育玩具を買ってやる。

　例 10a は「父親が子供を益する（知能向上など）ことを目的として「買う」という動作を行う」に意味の重点があり，b は「「買う」という動作が結果として子供にとって益になる」に意味の重点があるように感じられる。つまり，「〜のために」は「〜を益する」という目的を，「V- てやる（てあげる）」は結果として「〜の益になる」を表すのである。どちらも使用する場面を誤ると「押しつけがましさ，恩着せがましさ」などを感じさせてしまうが[8]，やはり「V- てやる（てあげる）」のほうがその傾向はより強い。これは，「V- てやる（てあげる）」は結果のほうに重点があることから，「当該の動作は結果として相手にとって益である」という具合に相手のことを決めつけることになりかねないからであろう。そのようなわけで，二項動詞が"给 - 人 -V"を形成する場合であっても，やはり「V- てやる（てあげる）」に訳される場面は限られると考えた方がよい。

　これを踏まえて，もう一度例 8-9 を振り返り，なぜ「V- てやる（てあげる）」に訳すことができるのかを考えると，どちらも動作主と相手の関係によると思われる。例 8 では動作主と相手はそれぞれ医者と患者の女性なので「動作主の方が社会的地位が上」であり，動作主の動作を「V- てやる（てくれる）」で押しつけがましく表現することが（ある程度）許される。また，例 9 では動作主と相手が妻と（亡くなった）夫で「家族・親族」であるから，動作主の動作を「V- てやる（てくれる）」で表現してもそれほど押しつけがましさを感じない。

　そして，さらに例 5-7 にまで戻ると，例 5-6 は「V- てやる（てあげる）」に訳すことも可能であるが，例 7 は難しい。

---

7)　二項動詞が"给 - 人 -V"を形成する場合には恩恵性を表し得るという点については今井（2018:29）も参照のこと。今井は作成動詞（"做"など）が"给 - 人 -V"を形成する場合について「サービスの供与も同時に行われている」と述べているが，これは"给 - 人 -V"を形成する数多くの二項動詞に当てはまると思われる。

8)「私のために」「私に V- てくれる」のように動作の相手が「私」である場合には反対に「感謝」「恩義」などの気持ちを表すことになる。

(11) a 最後に，戻るとき子供たちに土産を<u>買ってあげる</u>のを忘れないように，
と宋凡平が（李蘭に）言った。

　　b 李蘭は子供たち（李光頭と宋鋼）に陽春麺を二杯<u>注文してあげた</u>。

　　c ?父さん，僕らが父さんにエビ（の料理）を<u>作ってあげた</u>よ。

例7の試訳である例11cがやや難しいのは，動作主と相手は子供たちと父親
なので「家族・親族」ではあるが，同時に「動作主が目下」でもあるので，「V-
てやる（てあげる）」の使用にやや抵抗があるからであろう。

以上の第3節での検討から，次の仮説を提示する。

仮説①：典型的な"给 - 人 -V"で動詞（V）が二項動詞である場合，"给 - 人"
部分は「～に」に訳すことが多いが，「～のために」に訳すことも可能である。"V"
部分は基本的に「Vのみ」に訳しておけばよいが，「V- てやる（てあげる）」に
訳してもよい。ただし，「V- てやる（てあげる）」は動作主と相手の関係が「動
作主が上」の場合か「非常に親しい関係」の場合に限ったほうがよい。

四　典型的な"给 - 人 -V"(2)──動詞（V）が三項動詞

第4節では，「①典型的な"给 - 人 -V"」のうち三項動詞が"给 - 人 -V"を形
成する場合の日本語訳を検討する。

なお，表1（右）からも分かるように，"给 - 人 -V"を形成する三項動詞は主に"讲"
（話す）などの「発話」を表す動詞と"寄"（郵送する）などの「遠隔的な授与」
を表す動詞に分けられる。ここでは，別々に日本語訳を検討していきたいと思う。

4.1　動詞（V）が"讲"などの場合──"给 - 人"部分と"V"部分の日本語訳

三項動詞のうち"讲"（話す）などが"给 - 人 -V"を形成する場合，"给 - 人"
部分は「～に」に訳すことが多いが，「～のために」に訳すことも可能である（例
13は作例である）。

(12) 沙复明听出来了，王大夫不是开玩笑。沙复明点了一根烟，开始 给 - 王
大夫 - 交底："是这样,南京的消费你是知道的,不能和深圳比〔…〕"（推拿）
沙復明は，王先生の話が冗談ではないことがわかった。そこでタバコに
火をつけ，<u>王先生に {／のために}</u> 内情を打ち明けた。「おまえも知っ
ているように，南京の相場は深圳と比べものにならない〔…〕」

(13) 你偶尔 给 - 小朋友们 - 讲讲 故事，怎么样？

　　たまには子供たち {に／のために} 物語でも話したらどうだ？

　そして、"V" 部分については、「V のみ」に訳しておけばよいが、「V- てやる（てあげる）」に訳すことも（場合によっては）可能である。

(14) 狼吃了羊羔被人说成凶残、恶毒，人吃了羊羔肉却打着喷香的嗝 给 - 不懂事的孩童 - 讲述 美丽温柔的小羊羔羔的故事，人是些什么东西？（红蝗）

　　てめえは子羊を食らったあと、いい匂いをさせてげっぷをしながら、子供らに優しい子羊のお話をしてやる {／お話しをする} 人間って、なんてシロモノだ？

　この例では "V" 部分は「V- てやる（てくれる）」（お話をしてやる）に訳されているが、これを「V のみ」に入れ替えてもまったく問題はないだろう。

　また、例 12-13 に戻ると、例 12 は "V" 部分の "交底" が「V のみ」（打ち明けた）に訳されているが、これを「V- てやる（てくれる）」に入れ替えることも十分に可能であるし、例 13 は "V" 部分の "讲" を「V のみ」と「V- てやる（てくれる）」のどちらに訳すことも可能である。

(15) a そこで沙復明は王先生に内情を打ち明けてあげた。

　　　b たまには子供たちに物語でも {話したら／話してあげたら} どうだ。

　そして、"讲"（話す）などが "给 - 人 -V" を形成する場合に「～のために」や「V- てやる（てくれる）」に訳すことが可能になる理由は、やはり "给 - 人 -V（讲）" もまた恩恵性を表し得るからであろう。この点は、"跟小李讲坏话"（李さんに悪口を言う）は可能でも "* 给 - 小李 - 讲 坏话" は不可能であるということからも了解される。

　以上の 4.1 節での検討から、先の仮説①を若干修正し、次の仮説①' を提示する。

　　仮説①'：典型的な "给 - 人 -V" で動詞（V）が二項動詞や "讲" などの（発話を表す）三項動詞である場合，"给 - 人" 部分は「～に」に訳すことが多いが，「～のために」に訳すことも可能である。"V" 部分は基本的に「V のみ」に訳しておけばよいが，「V- てやる（てあげる）」に訳してもよい。ただし，「V- てやる（てあげる）」は動作主と相手の関係が「動作主が上」の場合か「非常に親しい関係」の場合に限ったほうがよい。

4.2　動詞（V）が"寄"などの場合——"给 - 人"部分と"V"部分の日本語訳

　次に，三項動詞のうち"寄"（郵送する）などが"给 - 人 -V"を形成する場合の日本語訳について検討する。

　まず，"给 - 人"部分は基本的に「〜に」に訳すべきであり，「〜のために」に訳すのは難しいようである。

(16)　王大夫坐了起来，想 给 - 小孔 - 打一个电话。（推拿）
　　　王先生は起き上がり，小孔に｛／ ?? のために｝電話をしようと思った。

(17)　当天夜里,推拿中心的女推拿师们不停地 给 - 远方的朋友们 - 发短信,（推拿）
　　　その日の夜，マッサージセンターの女のマッサージ師たちはみな，遠くにいる友人に｛／ ?? のために｝ショートメールを送った。

(18)　宋凡平坐在灯光下红光满面地 给 - 李兰 - 写信，李光头入睡前看了宋凡平一眼，（兄弟）
　　　宋凡平は灯りの下で顔を真っ赤にしながら李蘭に｛／ ?のために｝手紙を書いた。

(19)　王大夫一个人来到银行,一个人来到邮局,给 - 小弟 - 电汇了 两万元人民币。
　　　　　　　　　　　　　　　　　　　　　　　　　　　　　　　　（推拿）
　　　王先生は一人で銀行と郵便局へ行き，弟に｛／ ?のために｝二万元を送金した。

　これらの例では"给 - 人"部分はすべて「〜に」に訳されているが，このうち例 16-17 についてはこれを「〜のために」に入れ替えるのは非常に難しい。一方，例 18-19 については「〜のために」も十分に成立すると見る向きもあるかもしれない。

　しかし，ここで，「〜に」と「〜のために」ではその表し得る意味の範囲に大きな差があるという点に注意が必要である。たとえば，例 18 で「李蘭に」ならば(a)「宋凡平が手紙を書く→李蘭が手紙を受け取る」という意味になる。しかし，「李蘭のために」ならば，このほかに，たとえば (b)「宋凡平が李蘭の代わりに誰かに手紙を書く→そのおかげで李蘭が助かる（→誰かが手紙を受け取る）」という意味になる可能性もある。例 19 もおおよそこれと同じである。

　一方，例 18-19 の中国語原文の"给 - 李兰 - 写信""给 - 小弟 - 电汇了"が表すのはどちらも (a) の意味であって (b) の意味ではあり得ないから，「〜のために」に訳すならば原文と日本語訳とで意味の乖離が生じかねない。やはり，「〜に」に訳すのが最も相応しいと言えよう。

　では，“V”部分はどのように訳すのがよいだろうか。結論から先に言うならば，基本的には「Vのみ」に訳すべきであり，「V-てやる（てくれる）」に訳すのは難しいと考える。ただし，遠隔的に授与する対象物の種類によっては，「V-てやる（てくれる）」に訳すこともできるようである。

　ここで，先に挙げた例16-19に戻ってみよう。これらは，遠隔的授与の対象物がそれぞれ「電話」「ショートメール」「手紙」「お金」の例であるが，日本語訳を改めて参照すると，“V”部分はいずれも「Vのみ」に訳されている。では，これを「V-てやる（てあげる）」に入れ替えることは可能だろうか。

(20) a 王先生は起き上がり，小孔に電話をしよう ｛／？電話をしてあげよう｝
　　　と思った。

　　b その日の夜，マッサージセンターの女のマッサージ師たちはみな，遠くにいる友人にショートメールを送った ｛／?? ショートメールを送ってあげた｝。

　　c 宋凡平は灯りの下で顔を真っ赤にしながら李蘭に手紙を書いた ｛／?? 手紙を書いてあげた｝。

　　d 王先生は一人で銀行と郵便局へ行き，弟に二万元を送金した ｛／送金してあげた｝。

　筆者の語感であるが，例19（お金）の試訳である例20dのみが「V-てやる（てあげる）」も可能であり，それ以外の例20a-cは「V-てやる（てあげる）」に入れ替えると非常に（やや）不自然に感じられる。なお，例20aの「V-てやる（てあげる）」（電話をしてあげよう）は非常に不自然とまでは言えないと感じるが，これは動詞が意向形であることも関係していると思われる。「?? 王先生は小孔に電話をしてあげた」にすると非常に不自然に感じられるからである。

　以上をまとめると，遠隔的授与の対象物が「電話，メール，手紙」の場合には「Vのみ」に訳すほうが無難であり，「お金」の場合には「Vのみ」「V-てやる（てくれる）」ともに可能ということになる。これは，「お金」は基本的に誰にとっても受け取るのが嬉しいものだからであろう。また，「電話をかける」「ショートメールを送る」「手紙を書く」「送金する」の中で，「送金する」だけがそれだけで物の授与の意味を含む動詞である。このことから，「V-てやる（てあげる）」の形でも，物の授与の意味が残っている関係上，事の授与や恩恵性といった押しつけがましさに繋がりかねない意味が目立ちにくくなり，それゆえに使用しやすいのかもしれない。

なお，例 20a と d が可能である（不自然とまでは言えない）のは，いずれも動作主と相手の関係が「動作主が上」だからであるという可能性も排除できない。そこで，動作主と相手の関係をすべて「友人同士」に統一したとしても，やはり遠隔的授与の対象物が「電話，メール，手紙」の場合には「V- てやる（てあげる）」が不自然になるということを確認しておく。

(21) a 将大が佑樹に {電話をかけた／?? 電話をかけてあげた}。

b 将大が佑樹に {メールを送った／?? メールを送ってあげた}。

c 将大が佑樹に {手紙を書いた／?? 手紙を書いてあげた}。

d 将大が佑樹に 2 万円を {送金した／送金してあげた}。

以上の 4.2 節での検討から，次の仮説を提示する。

仮説②：典型的な "给 - 人 -V" で動詞（V）が "寄" などの（遠隔的な授与を表す）三項動詞である場合，"给 - 人" 部分は基本的に「～に」に訳すべきであり，「～のために」に訳すのは難しい。"V" 部分は基本的に「V のみ」に訳すのが無難であるが，遠隔的授与の対象物が受け取って嬉しい物であるなどの場合には「V-てやる（てあげる）」に訳すことも可能になる。

五 "给 - 人 - V-N" のパターン

第 5 節では，「② "给 - 人 -V- N"」のパターン，すなわち動詞（V）の後ろに "人" と関連性を有する名詞（N）が続く場合の日本語訳を検討する。

5.1 "给 - 人" 部分

まずは "给 - 人 -V-N" の "给 - 人" 部分の日本語訳について検討する。

(22) 都红偶尔还 给 - 季婷婷 - 梳梳 头。（推拿）

都紅が季婷婷の髪の手入れをすることもあった。

(23) 在前一天的晚上，李兰已经 给 - 宋钢 - 整理了 行李，（兄弟）

前の晩，李蘭はすでに宋鋼の荷物を整理しておいた。

(24) 李兰 给 - 他们 - 点完 香烟以后，将火柴放进口袋，走到李光头和宋钢面前，

（兄弟）

彼ら全員のタバコの火を点け終わると，李蘭はマッチをポケットにしまいこみ，李光頭と宋鋼の前にやってきた。

例 22 で "头"(頭, 髪)は "季婷婷"(季婷婷)の身体の一部である。例 23 で "行李"(荷物)は "宋刚"(宋鋼)が旅立つにあたり持っていくものである。例 24 で "香烟"(タバコ)は "他们"(彼ら)が後に吸うものである。つまり, いずれの名詞(头,行李, 香烟)も "给 - 人 -V" の "人"(季婷婷、宋鋼、他们)と関連性を有する。

さて, それぞれの例の日本語訳を参照すると, "给 - 人" 部分はいずれも「季婷婷 {に／のために}」のようには訳されていない。そして, 中国語では動詞(V)"梳"((髪を)手入れする)の前後に分かれている "季婷婷" と "头" が日本語訳では「季婷婷の髪」のように 1 つのフレーズになっている。つまり, "给 - 人" 部分は(その後ろの V-N も含めて)「〜の N(を V)」に訳せばよいということである。中国語では "给 - 季婷婷 - 梳梳 头" のほうが "? 给 - 季婷婷的头 - 梳梳"よりも一般的であるようだが, 日本語では「季婷婷の髪を手入れする」のように「季婷婷」と「髪」を助詞「の」で繋いで 1 つのフレーズとして提示するほうがより自然に感じられる。少なくとも「* 季婷婷に髪の手入れをする」は不可である。

ただし,「〜のために(N を V)」に訳すことはできる。

(25) a 都紅が季婷婷 {のために／* に} 髪を手入れすることもあった。
　　　b 前の晩, 李蘭はすでに宋鋼 {のために／* に} 荷物を整理しておいた。
　　　c 彼ら全員 {のために／* に} タバコの火を点け終わった。

"给 - 人" 部分は基本的に「〜に」に訳せばよい, あるいは訳したほうがよいという原則がある(ありそう)な中にあって(2.3 節),"给 - 人 -V-N" の "给 - 人"部分は「〜に」は不可で「〜のために(N を V)」に訳すことは可能であるという点で注目に値する。

5.2 "V" 部分

次に "V" 部分の日本語訳についてであるが, 結論から言えば,「V のみ」に訳しておけばよいが,「V- てやる(てあげる)」に訳してもよいと思われる。実際,例 22-24 の日本語訳を参照すると, "V" 部分はいずれも「V のみ」に訳されているが, これを「V- てやる(てあげる)」に入れ替えることも十分に可能である。

(26) a 都紅が季婷婷の髪を手入れする {／手入れしてあげる} こともあった。
　　　b 前の晩, 李蘭はすでに宋鋼の荷物を整理しておいた {／整理しておいてあげた}。
　　　c 彼ら全員のタバコの火を点け終わる {／点けてあげ終わる} と, 李蘭

はマッチをポケットにしまいこみ，李光頭と宋鋼の前にやってきた。

　もちろん，動作主と相手の関係が「動作主が下」の場合には，やはり「V-てやる（てあげる）」に訳すのは避けたほうがよく，「Vのみ」に訳したほうが無難である。しかし，それ以外の場合には，"给-人-V-N"の"V"部分は「V-てやる（てあげる）」に訳すことも可能である。

5.3　理由の考察

　では"给-人-V-N"のパターーンはなぜ「～のために」「V-てやる（てあげる）」に訳すことができるのかと言えば，やはり"人"にとっての恩恵性を表し得るからであると思われる。

　たとえば，"梳小杨的头"（V-O構造）と"给-小杨-梳头"を比較すると，前者は"小杨的头"（楊さんの髪）に対する動作"梳"（手入れをする）を表すにすぎないが，後者は"梳"という事（サービス）の授与も表し，そこから"小杨"（楊さん）にとっての恩恵性が生じる。これは，"做花冠""给小杨花冠"がそれぞれ「動作のみ」「物の授与のみ」を表すのに対して，"给-小杨-做花冠"は事（サービス）の授与も表すことから恩恵性が生じるという現象（3.3節）と基本的には同じである。

　（27）做花冠（動作），给小杨花冠（物の授与）

　　　　→给-小杨-做-花冠（事の授与→恩恵性）

　（28）梳小杨的头（動作）

　　　　→给-小杨-梳头（事の授与→恩恵性）

　しかも，"给-小杨-梳头"では動作"梳"の対象が"小杨"（楊さん）と関連性を有する名詞"小杨的头"（楊さんの髪）であることから，当該の動作が「"小杨"を益する」という目的である（～のために），結果として「"小杨"の益になる」（V-てやる（てあげる））のどちらの意味も感じ取りやすいように思う。"小杨"を益するという目的がないのに"小杨的头"に対して何らかの動作を加えるというのは一般的には避けたほうがよいと思われるし，"小杨的头"に対する動作から"小杨"がまったく影響（この場合はプラスの影響＝益）を受けないとは考えにくいからである。そのようなわけで，"给-小杨-梳头"は「楊さんのために髪を手入れする」「楊さんの髪を手入れしてあげる」「楊さんのために髪を手入れしてあげる」のように，「～のために」や「V-てやる（てくれる）」を含む日本語に訳しやすい。

36

以上の第 5 節での検討から，次の仮説を提示する。

　仮説③：“给 - 人 -V-N”のパターンの場合，“给 - 人”部分は（その後ろの V-N も含めて）「～の N （を V）」，あるいは「～のために（N を V）」に訳せばよい。“V”部分は「V のみ」に訳せばよいが，「V- てやる（てくれる）」に訳すことも十分に可能である。

六　"给 - 我 - V" のパターン

　第 6 節では，「③ "给 - 我 -V"」のパターンの日本語訳を検討する。

　作例ではあるが，以下に挙げる "给 - 我 -V" の例について，その日本語訳がどのようになるかを見てみよう。

(29)　我跟小李一起出去的时候，他总是会 给 - 我 - 买些 什么东西。

　　　私が李さんと一緒に出掛けるとき，彼はいつも私 {に／のために} 何か買ってくれる。

(30)　小李经常 给 - 我 - 讲 很重要的东西，我学到了很多。

　　　李さんはいつも私 {に／のために} 大事なことを話してくれるので，勉強になる。

(31)　小李 给 - 我 - 发了信息，那个内容真的让我感动。

　　　李さんが私 {に／ ?? のために} メールを送ってくれたが，その内容に本当に感動させられた。

(32)　我记得小时候爸爸总是 给 - 我 - 剪 头发。

　　　小さいときは父が私の髪をカットしてくれたものだ。

　　　小さいときは父が私のために髪をカットしてくれたものだ。

　まず，"给 - 人"部分については「①典型的な "给 - 我 -V"」及び「② "给 - 我 -V-N"」の場合に準ずると言える。

　a)"给 - 我 -V"の動詞 (V) が二項動詞や "讲" などの三項動詞である場合には，「～に」と「～のために」ともに可能（例 29-30）

　b)"给 - 我 -V" の動詞（V）が "寄" などの三項動詞である場合には「～に」のみ可能で「～のために」は不可（例 31）

　c)"给 - 我 -V-N" の場合は「～の N （を V）」か「～のために（N を V）」に訳す（例 32）

　次に，"V" 部分は基本的に「V- てくれる」に訳すべきである。実際，上の諸

例の日本語訳の「V-てくれる」を「Vのみ」に入れ替えると、日本語としては不自然になってしまう。

(33) a ?? 私が李さんと一緒に出掛けるとき、彼はいつも私に何か買う。

b ?? 李さんはいつも私に大事なことを話すので、勉強になる。

c ?? 李さんが私にメールを送ったが、その内容に本当に感動させられた。

d ?? 小さいときは父が私の髪をカットしたものだ。

これは、Shibatani（2003）が指摘するように、日本語では動作の方向が「1人称＞2人称＞3人称」の人称の階層（Person hierarchy）に逆行する場合、たとえば「他者（2・3人称）→私（1人称）」の動作の場合、「V-てくれる」など文法的な手段で調整しなければならないからである[9]。"给-我-V"も人称の階層に逆行するので、日本語に訳すときには逆行を調整しなければならない。また、「日本語では、当該の事態が当事者にとって好ましいかどうかが言語化される傾向が強いように思われる。好ましい（恩恵的な）場合は「てくれる」等の受益構文が、好ましくない（迷惑的な）場合は受動構文が使用される」（益岡2001:30）、「他者が「私」あるいは「私に近い人」に対して、厚意をもって行った行為は、恩恵的であると捉えていることを表示する必要がある」（山田2019:129）といった日本語の性質も関係していることだろう。

なお、例32の試訳である例33d（カットした）はそれほど不自然ではないと感じる日本語話者もいるかもしれないが、これは、小説の地の文のようにある出来事を「今・ここ・私」から切り離して語るという訳し方を選択したからである。

そこで、例32を試みに話し言葉の文体で訳してみると、やはり「Vのみ」は不自然になる。

(35) 小さいときは父が私の髪を｛?? カットした／カットしてくれた｝よ。

したがって、"给-我-V"の"V"部分はやはり基本的には「V-てくれる」に訳すべきであると考えられる。

以上の第6節での検討から、次の仮説を提示する。

仮説④："给-我-V"のパターンの場合、"给-人"部分の日本語訳は典型的

---

9)「他者（2・3人称）→私（1人称）」の動作が「私」にとって受益的とまでは言えない場合、あるいはむしろ被害的であるという場合には、「V-てくれる」ではなく、受動文（私は王さんに嫌なことを言われた）や「V-てくる」（王さんが私に信じられないことを言ってきた）などの方法で逆行を調整することになる。

な "给 - 人 -V" や "给 - 人 -V-N" の場合に準ずる。"V" 部分は基本的に「V- てくれる」に訳すべきである。

七　まとめ

　本稿では，前置詞の "给" を含む文（や節），つまり "给 - 人 -V" の日本語訳について検討し，4 つの仮説（仮説①'・②・③・④）を提示した。本稿の最後に，これら 4 つの仮説を表の形でまとめておく。

表 2　前置詞の "给" を含む文（やフレーズ）の日本語訳

"给 - 人 -V" のパターン（動詞（V））		"给 - 人" 部分	"V" 部分
①典型的な "给 - 人 -V"	二項動詞 "讲" などの三項動詞	◎〜に／〇〜のために	◎ V のみ／〇 V- てやる
	"寄" などの三項動詞	◎〜に／✕〜のために	◎ V のみ／△ V- てやる
② "给 - 人 -V- N" のパターン		〇〜の N（を V）〇〜のために（N を V）	〇 V のみ／〇 V- てやる
③ "给 - 我 -V" のパターン		（①と②に準ずる）	✕ V のみ／◎ V- てくれる

用例出典

毕飞宇《推拿》（人民文学出版社，2008 年）
　飯塚容 訳『ブラインド・マッサージ』（白水社，2016 年）
余华《兄弟 上部》（上海文艺出版社，2006 年）
　泉京鹿 訳『兄弟 上 文革編』（文藝春秋，2008 年）
莫言《红蝗》（民族出版社，2004 年；初出 1987 年）
　吉田富夫 訳「飛蝗」（『至福のとき—莫言中短編集—』平凡社，2002 年）

参考文献

今井俊彦（2018）「"给" を用いた授与形式の意味と用法」『防衛大学校紀要（人文科学分冊）』116, pp.17-33.
久野暲（1978）『談話の文法』大修館書店 .
杉村博文（2006）「中国語授与構文のシンタクス」『大阪外国語大学論集』35, pp.65-96.（再録：杉村博文（2017）『現代中国語のシンタクス』, pp.134-174. 日中言語

　　文化出版社.)

日本語記述文法研究会 編（2009）『現代日本語文法 2』くろしお出版.

益岡隆志（2001）「日本語における授受動詞と恩恵性」『月刊言語』30（4）, pp.26-
　　32.

山田敏弘（2019）「授受表現の類義表現」『中文日訳の基礎的研究（一）』, pp.117-
　　137. 日中言語文化出版社.

呂叔湘 主編（1999）《現代汉语八百词 増订本》商务印书馆.（牛島徳次・菱沼透 訳（2003）
　　『中国語文法用例辞典』東方書店.)

Shibatani, M.（2003）Directional verbs in Japanese. Erin Shay and Uwe Seibert (eds.)
　　Motion, Direction and Location in Languages: In honor of Zygmunt Frajzyngier, pp.259-
　　286. Amsterdam and Philadelphia: John Benjamins Publishing Company.

「坐，騎，乘，开」の日本語訳について

杉村　泰

一　はじめに

　中国語の"坐"，"騎"，"乘"，"开"はいずれも乗り物に乗ることを表す動詞である。『日中辞典』(第2版) を見ると，"坐"，"騎"，"乘"は日本語で「乗る」，"开"は「運転する」と訳されるとされている。しかし，"坐巴士上学校"は「バスに乗って学校に通う」より「バスで学校に通う」と言った方が自然であるし，"开飞机"は「＊飛行機を運転する」ではなく「飛行機を操縦する」と言う。このように"坐"，"騎"，"乘"，"开"の日本語訳は必ずしも一種類ではない。そこで本稿では，これらの表現がどのような条件の下でどのような日本語に訳されるかについて考察する。

二　中国語の"坐"，"騎"，"乘"，"开"

　『日中辞典』(第2版) では日本語の「乗る」に訳される"坐"，"騎"，"乘"，"上"，"开"の違いについて，次のように説明している。

> 　"坐"は基本的に，"汽车""火车""船""飞机"など，「腰掛けて」乗る場合に使われ，"騎"は"马""自行车""摩托车"などに「またがって」乗る場合に使われる．"乘"は文章語的な語で，"坐""騎"の意味で用いられる．"上"は乗り物に乗り込むことをさす．また，"开"は"汽车""火车""船""飞机"などの乗り物を運転操縦することをさす．「車に乗る」は，乗客としてならば"坐车"，運転するのであれば"开车"，乗り込むのであれば"上车"という．(p.1496)

　このうち"坐"，"騎"，"乘"，"开"は「交通手段を利用して移動する」という意味を表すが，"上"は「車に乗り込む」という意味を表し，移動の意味は表

さないため，本稿の考察の対象外とする。以下，"坐"，"骑"，"乘"，"开"の順に見ていく。なお，例文の後の「CCL」は北京大学中国語言学研究中心のコーパス，「BCC」は北京語言大学語言智能研究院のコーパスから抽出したものであることを示し，無表示は作例であることを示す。

三 "坐" の日本語訳

中国語の"坐"は"坐椅子"（椅子に座る）という表現から派生したもので，自分では運転せず，客や同乗者として座席に腰かけて移動する場合に使われる。これは他人が運転する場合もあれば，自動運転の場合もある。乗り物には (1) のように普通座席が付いているものもあれば，(2) のように座席が付いていないものもある。なお，電車やバスに立って乗っても"坐"と言う。

(1) 轮车（車椅子），汽车（車），出租车（タクシー），巴士（バス），电车（電車），火车（汽車），船（船），飞机（飛行機）
(2) 电梯（エレベーター），自动扶梯（エスカレーター）

"坐"の日本語訳は「座る」，「乗る」，「で」の使い分けが問題となる。このうち「で」は格助詞であるため，「バスで通う」のように後に移動を表す動詞や，「バスでの旅行」のように後に移動を表す名詞を伴う場合にしか使えない。前者の場合，中国語では"我坐巴士上学校"のように連動文となる。一方，「乗る」などの動詞にはこのような制限はない。これは後で述べる"骑"，"乘"，"开"も同様である。

仮説 (1) "｛坐／骑／乘／开｝＋［乗り物］＋［移動動詞］"のように後に移動動詞を伴って連動文になる場合は，「［乗り物］｛に乗って・を運転して／で｝移動する」のように動詞を使って訳す場合もあれば，「で」で訳す場合もある。

仮説 (2) "｛坐／骑／乘／开｝＋［乗り物］＋的＋［移動名詞］"のように後に移動名詞を伴って連体修飾節になる場合は，「［乗り物］での移動」のように「で」で訳す。

仮説 (3) "坐／骑／乘／开"の後に移動動詞や移動名詞が来ない場合は，「で」では訳せず，「乗る」や「運転する」などの動詞を使って訳す。

　まず，車椅子（轮车）の場合から見る。車椅子は椅子に車輪がついたもので，椅子としての機能に着目した場合は例 (3) のように「座る」を使い，移動を伴い乗り物としての機能に着目した場合は例 (4) のように「乗る」または「で」を使うのが自然である。

(3)　上了小学，中学，她只能<u>坐在轮椅上</u>看同学们上体育课，（CCL）
　　→小学校や中学校に入っても，彼女は車椅子{に座ったまま / [?]に乗ったまま / [?]で} 同級生達が体育の授業を受けているのを見ているしかなかった。

(4)　她<u>坐着轮椅</u>从侧门进入灵堂（CCL）
　　→彼女は車椅子{[*]に座って / に乗って / で}脇門から棺のある部屋に入った。

　また，例 (5) のように"坐轮椅＋的人"という形を取る場合は，後に移動動詞も移動名詞も伴わないため「で」は使えず，「乗る」または「の」を使う[1]。この場合，「車椅子に乗った人」は車椅子を乗り物と捉え，「車椅子の人」は「義足の人」と同様に車椅子をその人の身体的属性と捉えているという違いがある。

(5)　一位<u>坐轮椅的韩国客人</u>在前台登记时，（CCL）
　　→ある車椅子{[?]に座った / に乗った / [*]で / の}韓国人がフロントでチェックインしていた時，

　「○の人」という表現はその人の属性を表すため「車椅子の人」は使いやすいが，他の乗り物の場合は「電車ではなくバスの人」，「スポーツカーの人」のように，その人の属性を特徴付ける場合でないと使いにくい。特にそのような場合でなければ，「バスに乗った人」，「スポーツカーを運転している人」のように動詞を使う方が自然である。

仮説 (4)　"坐轮椅"は車椅子を椅子として捉えた場合は「座る」と訳し，乗り物として捉えた場合は「乗る」または「で」と訳す。

仮説 (5)　"坐轮椅＋的人"という形を取る場合は「で」では訳せず，「乗る」

---

1)"他成为坐在轮椅上的残疾人"は「[?]彼は車椅子{に乗った / の}障害者になった」ではなく，意訳して「彼は車椅子生活になった」と言った方が自然である。

または「の」で訳す。この場合，車椅子を乗り物と捉えれば「車椅子に乗った人」と訳し，車椅子をその人の身体的属性と捉えれば「車椅子の人」と訳す。

仮説 (6) "坐 / 骑 / 乘 / 开＋［乗り物］＋的人" において，車椅子の場合はその人の身体的属性として捉えやすいため「車椅子の人」と訳しやすいが，他の乗り物の場合は特にその人の属性を特徴付ける場合以外は「の」を使いにくく，普通は「バスに乗った人」，「スポーツカーを運転している人」のように動詞で訳す。

　次に座席（座位）の場合について見る。この場合も，例 (6) のように「着席」の意味で椅子としての機能に着目した場合は「座る」を使い，例 (7) のように「乗車」の意味で乗り物としての機能に着目した場合は「乗る」を使う。例 (6) と例 (7) で「で」が使えないのは後に動詞が来ないためである。

(6)　她坐上了１３１７航班飞机的头等舱临窗座位。（CCL）
　　　→彼女は 1317 便の飛行機の<u>ファーストクラスの窓側の席</u> {<u>に座った</u> / <u>*に</u><u>乗った</u> / <u>*で</u>}。

(7)　每起车祸中都至少有２名乘客<u>坐在后排座位上</u>。（CCL）
　　　→毎回交通事故で少なくとも２名の乗客が後方の座席 {<u>*に座っていた</u> / <u>に乗っていた</u> / <u>*で</u>}。

　例 (8) は停まっているバスの場合であるが，「着席」の意味でも「乗車」の意味でも捉えられるため，「座る」も「乗る」も使える。また，「で」を使うと目を瞑る場所を表す。

(8)　到了汽车站她就上了一辆开往城郊的车,然后<u>坐在后排座位上</u>闭目养神。（CCL）
　　　→バス停に着くと彼女は郊外行きのバスに乗り，その後後方の座席 {<u>に座って</u> / <u>に乗って</u> / <u>で</u>} 目を瞑った。

仮説 (7) "坐座位" は「着席」の意味で使う場合は「座る」と訳し，「乗車 / 乗船 / 乗機」の意味で使う場合は「乗る」と訳す。

　次に〇等車（软‐硬卧／软‐硬座）の場合について見る。この場合，日本語にはちょうど当てはまる表現がないため，"软卧" は「一等寝台車」，"硬卧" は「二等寝台車」，"软座" は「グリーン車」，"硬座" は「普通車」などと訳す。先に仮説 (1) と仮説 (3) に記したように，例 (9) のような連動文の場合は「乗る」でも「で」でも訳せるが，例 (10) のような非連動文の場合は「乗る」でしか訳せない。また，日本語ではベッドや椅子ではなく車両として捉えるため，「座る」で訳すことはできない。

(9)　条款里面就要写明白了，是坐卧铺去，还是坐硬座去；(CCL)
　　　→条項に寝台車 {＊に座って／に乗って／で} 行くか普通車 {＊に座って／に乗って／で} 行くかを明確に書いておいてください。

(10)　他到外地公出，按规定可以坐软卧，但他经常坐硬座。(BCC)
　　　→彼は公務で地方へ出張する際，規定では一等寝台車 {＊に座る／に乗る／＊で} ことができることになっているのに，いつも普通車 {＊に座った／に乗った／＊で}。

　次に乗り物本体の場合について見る。この場合も例 (11) のように連動文の場合は「乗る」でも「で」でも訳せるが，例 (12) のように連動文でない場合は「乗る」でしか訳せない。日本語では乗り物本体に椅子のイメージはないため，「座る」で訳すことはできない。

(11)　我可以自己坐出租车去北京火车站。
　　　→私は自分でタクシー {＊に座って／に乗って／で} 北京駅に行ける。
(12)　我可以自己坐出租车。(BCC)
　　　→私は自分でタクシー {＊に座る／に乗る／＊で} ことができる。

　ここで問題となるのは，連動文の場合に「乗る」で訳した方がいいか，「で」で訳した方がいいかということである。これに関して，国立国語研究所の現代日本語書き言葉均衡コーパス（BCCWJ）の検索と日本語母語話者への二者択一テストを行った。その結果，普通は「で」を使い，特殊な乗り物に乗ったり，特別な移動をしたりする場合に「乗る」を使う傾向のあることを明らかにした。"骑"，"乗"，"开" も同様である。

45

仮説 (8) "坐 / 骑 / 乘 / 开" の後に移動動詞が来て連動文になる場合，次の 2 つ
の要因で「で」と「に乗る」の選択が行われる。ただし，"开" の場合は「乗
る」の代わりに「運転する / 操縦する / 動かす」を使う場合もある。

①一般的な乗り物には「で」が使われやすく，特殊な乗り物には「乗
る」が使われやすい。

(13)　他坐<u>出租汽车</u>上班。(彼はタクシー{△に乗って²/で}通学する。)

(14)　孙悟空坐<u>筋斗云</u>回花果山。(孫悟空が<u>筋斗雲</u>{に乗って/△で}
花果山に帰る。)

②通勤，通学など日常の移動には「で」が使われやすく，特別な移
動には「で」も「乗る」も使われる。

(15)　他坐<u>巴士</u>上班。(彼はバス{△に乗って/で}通学する。)

(16)　他坐<u>巴士</u>前往火灾现场。(彼はバス{に乗って/で}火災現
場に行った。)

四 "骑" の日本語訳

　中国語の "骑" は動物の背中や乗り物のサドルに跨って，自分で運転して（歩
かせて / 走らせて）移動する場合に使われる。この場合の乗り物には (17) のよ
うなものがある。

(17)　马（馬），大象（象），自行车（自転車），摩托车（オートバイ）

　"骑" の日本語訳は「跨る」，「乗る」，「で」の使い分けが問題となる。ただし，
「跨る」は走行姿勢に着目した場合にしか使わないため，基本的には「乗る」か
「で」のどちらかで訳せばよい。その際，"坐" と同様に，例 (18) のような連体
修飾節や例 (19) のような非連動文の場合は，「で」は使えず「乗る」で訳す。(仮
説 (6)(3))

(18)　每当遇到一个<u>骑马的人</u>，我们就赶上前去问。(CCL)
　　　→<u>馬</u>{に乗った/*での}人に会うたびに，我々は追い駆けて尋ねた。

(19)　照中国内地人服装，<u>骑上马</u>，膝盖就露出，要受冻，僵了。(CCL)

---

2)「△」は誤用ではないが，選択されにくいことを表す。

46

　　　→中国内地の人の服装だと，馬 {に乗ると /[*]で}，膝が露出して，冷え
　　　て強張る。

　一方，例 (20) や例 (21) のように後に "来" や "去" のような移動動詞を伴っ
て連動文になる場合は，「乗る」でも「で」でも訳せる。(仮説 (1)) この場合，
例 (21) のような文脈では，「○に乗って」と言うと「○から降りずに」という
意味になり，「○で」と言うと「○を使って」という意味になる。

(20)　她痛心地说，要是找不到月票，就骑自行车去上学。(CCL)
　　　→彼女はひどく悲しんで，もし定期券が見つからなかったら，自転車 {に
　　　乗って / で} 通学すると言った。
(21)　据说，他有一次骑马过关，关吏说："马不准过。"公孙龙回答说："我骑
　　　的是白马，白马非马"。(CCL)
　　　→聞くところによると，彼が馬 {に乗って / で} 関所を通ろうとした時，
　　　関所の官吏が「馬は通ってはいけない」と言った。すると公孫竜は「私
　　　が乗っているのは白馬であり，白馬は馬ではない」と答えた。

　この場合，先の坐" と同様に，普通は「で」で訳し，特殊な乗り物に乗ったり，
特別な移動をしたりする場合に「に乗って」で訳す傾向がある。ここで何を特
殊と捉えるかは個人や社会の文化的背景によって異なる。例えば，日本では馬
は乗り物としてイメージしやすいため「馬に乗って」も「馬で」も自然に使え
るが，駱駝や象は乗り物としてイメージしにくいため，「[?]{駱駝 / 象}で通学する」
は不自然で，「{駱駝 / 象}に乗って通学する」と言った方が自然である。しかし，
駱駝や象を日常の交通手段としている人の立場から描写する場合は，「{駱駝 / 象}
で通学する」と言っても間違いではない。(仮説 (8))

五　"乗" の日本語訳

　中国語の "乗" は "坐" と "騎" の文章語で，自分で運転する場合にも自分
で運転しない場合にも使う。"乗" の日本語訳は基本的に "坐" や "騎" と同じ
であるが，「乗る」でも「で」でも訳せる場合は，例 (22) のように「乗る」で
訳した方が "乗" の持つ乗車（乗船 / 乗機）のイメージが出る。

(22)　今天乘飞机离开北京回国。（CCL）

　　→今日飛行機 {に乗って / △で} 北京を離れて帰国する。

　また，"乘"には例 (23) のように"坐"や"骑"にはない用法もある。それ
ぞれの日本語訳を付しておく。

(23) a.　乘 {浪 / 风 / 风破浪胜}　　→ {波 / 風 / 追い風} に乗る

　　 b.　乘 {时 / 机会 / 势 / 兴}　　→ {機会 / 勢い / 興} に {乗る / 乗じる}

　　 c.　乘 {隙 / 虚}　　　　　　　→ {隙 / 虚} {を突く / に乗じる}

　　 d.　乘凉　　　　　　　　　　　→ 涼を取る，涼む

六　"开"の日本語訳

　中国語の"开"は，基本的に (24) のように乗り物の座席に腰かけて，自分で
運転（操縦）して移動する場合に使われる。あるいは (25) のような自動運転の
乗り物を作動させる場合に使われる。

(24)　汽车 (自動車), 出租车 (タクシー), 巴士 (自動車), 电车 (電車), 火车 (汽
　　　车), 船 (船), 飞机 (飛行機)

(25)　电梯 (エレベーター), 自动扶梯 (エスカレーター)

　"开"の日本語訳は「運転する」,「操縦する」,「動かす」,「乗る」,「で」の使
い分けが問題となる。このうち「で」の使用条件は"坐"や"骑"と同じである。
（仮説 (1)(2)(3)(8)）

　「運転する」,「操縦する」,「動かす」,「乗る」の選択は，例 (26) のように乗
り物の種類によって異なっている。

(26) a.　开 {汽车 / 卡车}　　　　→ {運転する / *操縦する / *動かす / 乗る}

　　 b.　开 {的士 / 巴士 / 火车}　→ {運転する / *操縦する / *動かす / ?乗る}

　　 c.　开 {摩托艇 / 战斗机}　　→ {*運転する / 操縦する / *動かす / 乗る}

　　 d.　开 {客船 / 客机}　　　　→ {*運転する / 操縦する / *動かす / ?乗る}

　　 e.　开 {电梯 / 自动扶梯}　　→ {*運転する / *操縦する / 動かす / 乗る}

このように，「運転する」は (25ab) の「車」「トラック」「タクシー」「バス」「汽車」のような一般的な乗り物の操作に使い，「操縦する」は (25cd) の「モーターボート」「戦闘機」「客船」「旅客機」など船舶や航空機の操作に使い，「動かす」は (25e) の「エレベーター」「エスカレーター」のような単純なボタン操作で動かすものに使う。また，「乗る」は (25acd) のように客や同乗者を乗せず，移動者が自分で乗り物を操作する（または自動運転の）場合に使われる。その場合，「運転する / 操縦する / 動かす」を使うと操作の意味が強くなり，「乗る」を使うと操作の意味が弱くなる。一方，例 (25bd) のように乗客を乗せる乗り物の場合に「乗る」を使うと，操作者が個人的にその乗り物を使って移動する意味になる。

七　所要時間，乗車距離，乗車人数の場合

最後に所要時間，乗車距離，乗車人数を表す場合について見る。所要時間の場合，「乗る」と「で」の選択が問題となる。例 (17) のように“坐 / 骑 / 乘 / 开 ＋乗り物＋時間”の形を取る場合は，「乗る」も絶対に使えないわけではないが，「で」の方が自然である。BCCWJ の検索結果でも，「電車」「バス」「自転車」などどの乗り物でも 9 割以上の文で「で」が使われている。一方，“坐 / 骑 / 乘 / 开＋時間＋乗り物”の形を取る場合は，例 (18) のように「乗る」で訳す。また，例 (19) のように“坐 / 骑 / 乘 / 开＋時間”の形を取る場合は「乗る」も「で」も使わず「かかる」を使うのが自然である。

(27)　从新宿坐火车 40 分钟就到。（BCC）
　　　→新宿から電車 {[?]に乗って / で} 40 分で着く。
(28)　这晚老于骑五十分钟自行车，从城郊赶到项市长家。（CCL）
　　　→この夜于さんは自転車に 50 分 {乗って / *で} 郊外から項市長の家へ駆け付けた。
(29)　从新宿到这儿要坐 40 分钟。
　　　→新宿からここまで 40 分 {[?]乗る / *で / かかる}。

仮説 (9)　所要時間を表す場合，①“坐 / 骑 / 乘 / 开＋ [乗り物] ＋ [時間]”は「乗り物で [時間]（で着く / かかる）」と訳し，②“坐 / 骑 / 乘 / 开＋ [時

49

間］＋［乗り物］」は「乗り物に［時間］乗る」と訳し，③"坐 / 騎 /
乗 / 开＋［時間］"は「［時間］かかる」と訳す。

　乗車距離の場合，例 (20) のように "坐 / 騎 / 乗 / 开＋乗り物＋距離" は「で」
ではなく「乗る」で訳す。
(30)　原来每天騎自行车 10 多公里回家，（CCL）
　　　→元々毎日自転車に 10 数キロ｛乗って / *で｝家に帰る。

仮説 (10)　乗車距離を表す場合，"坐 / 騎 / 乗 / 开＋［乗り物］＋［距離］" は「乗
　　　　　り物に［距離］乗る」または「［距離］乗り物に乗る」と訳す。

　乗車人数の場合，「乗る」と「座る」の選択が問題となる。この場合，日本
語では座席数より積載空間のイメージで捉えられ，例 (31) のように「座る」は
使えず「乗る」を使う。また，"可坐 4 个人的汽车" は「4 人乗り（の自動車）」
と訳す。

(31)　有一种叫做 "吉普尼" 的小型汽车，大约可坐 10 个人，（BCC）
　　　→「ジープニー」という名前の小型車は約 10 人｛*座れる / 乗れる / *で｝。

仮説 (11)　①乗車人数を表す場合，"坐 / 乗＋［乗車人数］" は「〇人乗る」と訳し，
　　　　　②"可坐〇个人的＋［乗り物］" は「〇人乗り（の乗り物）」と訳す。

八　まとめ

　本稿では中国語の動詞 "坐"，"騎"，"乗"，"开" の日本語訳について考察した。
仮説 (1) 〜 (11) をまとめると次のようになる。

1．"坐"，"騎"，"乗" の日本語訳
・後に移動動詞や移動名詞が来ない場合は「乗る」と訳す。
・"坐＋［乗り物］＋去" のように移動動詞を伴って連動文になる場合は，「バ
　ス｛に乗って / で｝行く」のように「に乗って」または「で」と訳す。
　①一般的な乗り物には「で」が使われやすく，特殊な乗り物には「乗る」

50

　　　が使われやすい。

　　②通勤，通学など日常の移動には「で」が使われやすく，特別な移動に
　　　は「で」も「乗る」も使われる。

・"坐＋［乗り物］＋的旅游"のように移動名詞を伴って連体修飾になる場合
　は，「列車での旅行」のように「で」と訳す。

・"坐 / 骑 / 乗＋［乗り物］＋的人"という形で連体修飾になる場合は，普通は「バ
　スに乗った人」のように動詞の連体形で訳す。ただし，その乗り物をその
　人の属性と捉えれば「車椅子の人」や「赤いスポーツカーの人」のように「の」
　で訳す。

・"坐轮椅"は車椅子を椅子として捉えた場合は「車椅子に座る」と訳し，乗
　り物として捉えた場合は「車椅子に乗る」または「車椅子で」（連動文の場
　合）と訳す。

・"坐座位"は「着席」の意味で使う場合は「座る」と訳し，「乗車 / 乗船 / 乗
　機」の意味で使う場合は「乗る」と訳す。

2．"开"の日本語訳

・後に移動動詞や移動名詞が来ない場合は「乗る」または「運転する / 操縦
　する / 動かす」と訳す。

　①「運転する / 操縦する / 動かす」を使うと操作の意味が強くなり，「乗る」
　　を使うと操作の意味が弱くなる。

　②「運転する」は「車」「トラック」「タクシー」「バス」「汽車」のよう
　　な一般的な乗り物の操作に使う。

　③「操縦する」は「モーターボート」「戦闘機」「客船」「旅客機」など船
　　舶や航空機の操作に使う。

　④「動かす」は「エレベーター」「エスカレーター」のような単純なボタ
　　ン操作に使う。

　⑤「乗る」は「車」「モーターボート」「エレベーター」のように客や同
　　乗者を乗せず，移動者が自分で乗り物を操作する（または自動運転の）
　　場合に使われる。「タクシー」「客船」のように乗客を乗せる乗り物の
　　場合に「乗る」を使うと，操作者が個人的にその乗り物を使って移動
　　する意味になる。

・"开＋［乗り物］＋去"のように移動動詞を伴って連動文になる場合は，「車{に

乗って / を運転して / で｝行く」のように「に乗って」または「を ｛運転して / 操縦して / 動かして｝」または「で」と訳す。

　　①一般的な乗り物には「で」が使われやすく，特殊な乗り物には「乗る」または「運転する / 操縦する / 動かす」が使われやすい。

　　②通勤，通学など日常の移動には「で」が使われやすく，特別な移動には「で」も「乗る」も「運転する / 操縦する / 動かす」も使われる。

・"开＋［乗り物］＋的旅游"のように移動名詞を伴って連体修飾になる場合は，「車での旅行」のように「で」と訳す。

・"开＋［乗り物］＋的人"という形で連体修飾になる場合は，普通は「車に乗った人」のように動詞の連体形で訳す。ただし，その乗り物をその人の属性と捉えれば「赤いスポーツカーの人」のように「の」で訳す。

3．所要時間，乗車距離，乗車人数を表す場合

・所要時間を表す場合

　　①"坐 / 骑 / 乗 / 开＋［乗り物］＋［時間］"は「乗り物で［時間］（で着く / かかる)」と訳す。

　　②"坐 / 骑 / 乗 / 开＋［時間］＋［乗り物］"は「乗り物に［時間］乗る」と訳す。

　　③"坐 / 骑 / 乗 / 开＋［時間］"は「［時間］かかる」と訳す。

・乗車距離を表す場合

　　"坐 / 骑 / 乗 / 开＋［乗り物］＋［距離］"は「乗り物に［距離］乗る」または「［距離］乗り物に乗る」と訳す。

・乗車人数を表す場合

　　①"坐 / 乗＋［乗車人数］"は「〇人乗る」と訳す。

　　②"可坐〇个人的＋［乗り物］"は「〇人乗り（の乗り物)」と訳す。

参考文献

対外経済貿易大学・商務印書館・小学館（編）（2002）『日中辞典』（第 2 版）小学館

3 動詞構文の中文日訳研究

所有を表す「有」の日本語訳について（１）
一典型的な「所有」及び「所持」を中心に一

張　麟声

一　「所有」と「所有」表現

　「所有」というのはたいへん身近な現象だと言える。なぜなら人は誰もが多かれ少なかれ何かを持っているからである。そのような「所有」という現象を，日本語では，「私は英和辞典を3種類持っている」と言ったり，「あいつは厳しいお母さんがいるから，自由に遊べないよ」と言ったりする。これだけでも，すでに「～を持っている」と「～がいる」という2つの表現が存在するということになるが，これから検討するように，実際はこれ以外にさらに何種類かあるのである。

　日本語の所有表現は一種類ではないと述べたが，中国語も例外ではない。ただし，日本語の所有表現の間の相互関係と比べ，中国語の複数の所有表現のうち，「～有～」構文は絶対的な「シェア」を持っていると言える。したがって，本稿では，とりあえず「有」に限定して，それをどういう条件の下では，複数の日本語の所有表現のなかのどれに訳すべきかについて検討する。

二　所有という現象に関するフレーズレベルでの表現と文レベルでの表現

　この節では，「所有」という現象に関して，フレーズレベルでの表現と文レベルでの表現とがあることについて述べる。例えば，わたしは現在コンピューターに向かっているが，コンピューターはわたしの持ち物で，わたしはコンピューターの所有者である。そこで，フレーズのレベルにおいてこの所有関係を述べると，「私のコンピューター」という言い方をする。一方，文レベルでこの所有関係を述べると，「わたしはコンピューターを持っている。」という言い方になる。

　フレーズのレベルの「私のコンピューター」という名詞句は，言語学の世界では従来 possessive construction と呼ばれている。この術語を分かりやすく日本語に直すと，「所有名詞句構造」とでも名付けたいが，William Croft(2003) で詳

しく検討されているように，所有名詞句構造は，実は世界の言語においてさまざまなバリエーションがある。本稿は，中国語と日本語だけを対象にして，中文日訳のための基礎的研究を行うものである。表現がフレーズレベルと文レベルという2通りのものがあるため，それぞれのレベルに応じて，検討しなければならないが，実はフレーズレベルでの研究はすでに2年前の張麟声（2019）で行っている。そこで，以下，張麟声（2019）の中の，本稿の内容と密接な関係を持つ部分を簡潔にまとめなおして紹介しておく。まとめなおしての紹介なので，原文の表現を一部調整しており，また，用例についても減らしたり，番号を本稿の通し番号に変えたりして操作していることを断っておきたい。

Ⅰ　修飾部が主要部の所有者である場合

このケースは典型的な所有表現である。修飾部の所有者は固有名詞か人称代名詞で，主要部の所有物は普通名詞である。そして，以下の諸例のように，中国語では「的」を使い，日本語では「の」を使う。

（1）鈴木的书包→鈴木君のかばん
（2）京都大学的校园→京都大学のキャンパス

Ⅱ　修飾部が主要部の擬似所有者である場合

典型的な所有者と所有物の関係から少し外れて，人間同士の血縁的，社会的つながりを表現するのがこのケースである。中国語では，例(3)，例(4)のように，修飾部が固有名詞の場合は必ず「的」を使うが，例(5)〜（8）のように，修飾部が人称代名詞になると，「的」を使うケースと使わないケースの両方が見られる。一方，日本語では，中国語で「的」が使われていようがいまいが，一様に「の」を使う。

（3）小林的妹妹→小林さんの妹
（4）小林的学生→小林さんの学生
（5）他的妹妹→彼の妹
（6）他的学生→彼の学生
（7）他妹妹→彼の妹
（8）他学生→彼の学生

Ⅲ　修飾部が「全体と部分」という意味での「全体＝主」である場合

このケースは「所有」の典型からさらに離れている。だが，独立させて，別

58

の項目を立てるよりは，所有表現に含めたほうがよいと思い，所有表現と見な
すことにしている。

　この場合，修飾部は普通名詞か固有名詞になるが，中国語では，例 (9) 〜 (12)
のように，それが単音節の普通名詞ならば「的」が不要で，複音節の普通名詞
ならば「的」が必要になる。一方，例 (13)，例 (14) のように，それが固有名詞
か代名詞ともなれば，単音節か複音節かに関係なく「的」を使う。このような
バリエーションを持つ中国語に対して，日本語では，修飾部の品詞性などに関
係なく，一律に「の」を使う。

（ 9 ）瓶盖儿→瓶<u>の</u>ふた

（10）鱼头→魚<u>の</u>頭

（11）瓶子<u>的</u>盖儿→瓶<u>の</u>ふた

（12）金鱼<u>的</u>头→金魚<u>の</u>頭

（13）山田<u>的</u>眼睛→山田君<u>の</u>目

（14）我<u>的</u>手→わたし<u>の</u>手

　もっとも，日本語の漢語語彙には例外があるが，漢語語彙はそもそも中国語
だったか，中国語的に作られたものだから，中国語と同じ振舞い方をするのは，
むしろ理屈にかなうことである。　　　　　　　　　（張（2019）p.10-12 より）

　以上，フレーズレベルで記述した 3 種類の所有表現について紹介したが，以下，
これらに対応する文レベルでの中文日訳の検討を，それぞれ第 3，4，5 節にお
いて行う。なお，第 6 節では「所持」について検討する。

三　典型的な所有を表す「有」の日本語訳について

3.1 「典型的所有」の場合

　上の節で紹介した <u>I 修飾部が主要部の所有者である場合</u>というケースを，こ
こでは「典型的な所有」と呼びなおしておく。「典型的な所有」における，所有
者は個人で，所有物は譲渡可能で，所有者がそれを自由に処分できる有形のも
のである。

　このケースにおいて，次の例 (17)，例 (18) のように，中国語の「有」は，普
通日本語の「持っている」に訳したほうがよい。

(15) 他说的所谓“幸福的人”是指<u>有</u>很多的钱和东西，拥有丰富物质生活的人。

（上海）

→彼の言う「幸福な人」とは，お金や物をたくさん<u>持ち</u>，物質的に恵ま
れている人のことです。

(16) “孩子们都<u>有</u>书包，为什么又要给他们硬摊派一个？”（ccl）

→子供たちはみんなランドセルを<u>持っている</u>のに，なぜ無理矢理に新た
に買わせるの？

　もっとも，次の例 (17), 例 (18) のように，「持っている」のかわりに「ある」を使っ
ても自然である。「ある」に訳す場合，所有物の表示は「を」から「が」に変え，
また，例 (18) の所有者の表示は，「は」より「には」のほうがよい。

(17) 彼の言う「幸福な人」とは，お金や物<u>が</u>たくさん<u>あり</u>，物質的に恵まれ
ている人のことです。

(18) 子供たち（に）はみんなランドセル<u>がある</u>のに，なぜ無理矢理新たに買
わせるの？

　中文日訳を考察する際，目的言語の日本語に，2 つかそれ以上の類義表現が存
在する場合は，その類義表現研究の研究成果を参照するのが手っ取り早い。日本
語の所有表現に関しては，庵功雄・高梨信乃・中西久実子・山田敏弘著 (2000) に
おいて，以下のように体系的な結論を出しているので，これをひとまず見てみよう。

	〈人〉には〜がいる	〈人〉には〜がある	〈人〉は〜がある	〈人〉は〜をしている	〈人〉は〜を持っている
人	◎	△	△	×	×
[才能] など	×	◎	○	×	○
[熱] など	×	×	◎	×	×
[目] など	×	△	×	◎	○
それ以外	×	○	×	×	◎

◎：最も典型的に使われる　　　　　　　　　　○：使える
△：誤りではないが，あまり使われない　　　　×：使えない

(庵他著 (2000)：『初級を教える人のための日本語文法ハンドブック』p37)

　本稿で言う典型的な所有関係における所有物は，この庵功雄・高梨信乃・中西久実子・山田敏弘著 (2000) では「それ以外」とされている。そして，この場合，◎表示の「最も典型的に使われる」ケースは「＜人＞は～を持っている」で，この「＜人＞は～を持っている」構文に対して，「＜人＞には～がある」は〇表示の「使える」，「＜人＞は～がある」は×表示の「使えない」とされている。

　「最も典型的に使われる」ケースが「＜人＞は～を持っている」であることについては賛同できるが，この庵功雄・高梨信乃・中西久実子・山田敏弘著 (2000) では，例 (17) のように，主語 (または主題) が「とは」で表示されるケースについては想定できていないと言えよう。

　庵功雄・高梨信乃・中西久実子・山田敏弘著 (2000) の主張を確認するために，本稿では，「車を持っている」と「車がある」の用例を現代日本語書き言葉均衡コーパスで調べてみることにした。その結果，「を持っている」の例は以下のように 8 つ見つかった。

(19)　野郎ばかりだと思っていたが，案外，そうでもねえんだな。高級な自動車を持ってるし，いい服着てるしよ。

(20)　外国人のほとんどは自家用馬車を持っている。

(21)　しかし私も車を持っている。

(22)　４歳になった娘は，三輪車に乗れません。９インチの自転車を持っているのですが，いくら教えても，（略）。

(23)　うちの近所に職業不詳の人がおり，やたら車を持っているのですが，（略）。

(24)　森田さんも車を持っているのに，私の車で行くのは「なぜなの」。これは，永遠の謎にしておく。

(25)　日本人はなんと新車四千百万台分の労働しかしてないというのに，五千九百万台分（一.四四倍）の新車を持っている。

(26)　ところが，いまは，だれもが車を持っている。

　それに対して，「がある」の例は，以下の 4 つであり，まず数量的には「持っている」より少ない。

(27)　夜出歩くこと自体ないし，たまに出かけなければならない時には, 車がある。

(28) 「乗せていこうか？」
　　　「自分の車があるわ」

(29) 通りから通りへの攻防が続いたが，フランス軍には戦車がある。まだ非力だった越盟軍はじりじりと押えられてハドンまで後退した。

(30) 俺はタクシーの運転手で，車があるから，仕事を休んでいろいろなところに連れていってあげるよ。

　それから，この 4 例のうち，例 (27)，例 (28) は特定の時点において「車を使う」という意味合いが強く，以下のように，「車を使う」か「自分の車で行くわ」に置き換えても良い。言い換えれば，純粋な所有表現と言っていいかどうかに迷う用例である。

(31) 夜出歩くこと自体ないし，たまに出かけなければならない時には，車を使う。

(32) 「乗せていこうか？」
　　　「自分の車で行くわ」

　また，例 (29) の「フランス軍には戦車がある。」という節は，「フランス軍に戦車が装備されている」という意味である。そのため，本来この第 4 節ではなく，第 5 節で検討する「Ⅲ　修飾部が「全体と部分」という意味での「全体＝主」である場合」の用例である。

　そして，最後の例 (30) だけは，典型的な所有表現の例だと見てよいが，この場合は，次の例 (33) のように，「車を持っている」に言い換えても自然である[1]。つまるところ，「ある」よりも，「持っている」を第一にあげている，庵功雄・高梨信乃・中西久実子・山田敏弘著 (2000) の結論が適切だということになる。

(33) 俺はタクシーの運転手で，車を持っているから，仕事を休んでいろいろなところに連れていってあげるよ。

　そこで，一つ目の仮説を次のようにまとめる。ちなみに，「翻訳教育においては，

---

1)　ちなみに，この場合の所有者である「俺」についているのは「は」だけで，「には」ではないが，これは述語を 2 つ以上持っているためである。言い換えれば，一つ目の述語である「タクシーの運転手で」や，三つ目の述語である「(30)　仕事を休んでいろいろなところに連れていってあげるよ」がついているからである。

目標言語の類義表現のうち，一番よく使われ，且つ，使いやすい形に訳すよう，指導する」という大原則を持っており，本稿での仮説は基本的にこの原則に基づいてまとめることにしている。

仮説(1) 所有者が個人で，所有物が譲渡可能な有形のものである典型的な所有関係を述べる「有」は，基本的に「持っている」に訳す。

このあたりで，庵功雄・高梨信乃・中西久実子・山田敏弘著 (2000) と同じ2000 年に発表された菊池康人 (2000) の研究成果をも紹介しておく。これは「所有の「ある」と「もっている」」をタイトルとした論文で，次のように，「ある」と「持っている」の使用条件を示している。定義がすこし分かりにくいので，追って紹介する形にするが，本稿で言う「典型的所有」は，その「もっている」の使用条件の [Ⅱ]〈資産として，具体的なものや抽象的なものを所有している〉ことに含まれるので，上述の仮説(1)は，この研究の結論とも一致していることになる。

(A) 所有の「X(に) は Y がある」が使われる条件は，次のいずれかを満たすことである：

 [1] Y が X に〈その不可分な要素・一面〉としてそなわっていて，「Y がある」ことが，X の〈属性〉となっていること。

 [2] 「Y がある」ことが，〈X の置かれた状況〉を示すこと，あるいは〈X(の行動) に影響を与える要因〉として捉えられること。

(B)「もっている」が使われる条件は，次のいずれかを満たすことである：

 [Ⅰ] 〈その時点で，具体的なものを手の中などに所持している〉こと。

 [Ⅱ] 〈資産として，具体的なものや抽象的なものを所有している〉こと

 [Ⅲ] 〈責任下にあるものとして負っている〉こと。 (p.147)

3.2 所有物が有生である「典型的所有」の場合

ここでは，「所有物がやや外れた典型的所有」の場合の 1 つを取り扱う。3.1 では，「所有者は個人で，所有物は譲渡可能で，所有者がそれを自由に処分できる有形のものである。」と規定しており，そして，そのような所有物の中の，さらに典型的だと言える無情の物を取り扱った。一方，現代の社会人が普通車を

所有しているのと同様，牧畜民や畜産業者は牛，馬やひつじを所有しており，また，漁業や魚介の養殖業者は，魚介類を所有していることになる。

　そこで，所有物が有情である場合にどうなるかを検討するが，以下の3例のように，所有物が牛，馬，ひつじの場合は，無情のものと同じように「持っている」に訳せばよいが，魚介類の場合は，所有者と同じ陸地にいるのではなく，水にいるためか，「養殖している」と押すネイティブが多い。

(34) 海拉老人有 20 多匹马，20 多头牛，近 200 只绵羊。(ccl)
　　　→ハイラ老人は，馬を 20 数頭，牛を 20 数頭，羊を 200 匹近く持っている。

(35) 围建草库仑前，他有 200 只羊，30 头牛，去年，发展到 600 多只羊，120 头牛。
　　　→「囲み牧場」ができる前には，彼は羊を 200 匹くらい，牛を 30 頭くらい持っていたが，昨年になると，羊は 600 匹くらいに，牛は 30 頭くらいに増えた。

(36) 我们的虹鳟鱼场是北方最大的虹鳟鱼养殖基地之一，现有近万尾鱼。
　　　→私たちの「虹鱒漁場」は，中国北方最大の虹鱒養殖基地で，現在10000 匹近く養殖している。

　このような換金目的の家畜類と違い，換金が目的ではないペットになると，事情はさらに変わってくる。ペットの場合は，次の3例のように，「持っている」は基本的に使えず，「いる」については使ってもいい場合と，不自然な場合とがあり，究極のところ，「飼っている」のほうが一番適切である。

(37) “我 33，有房有车有狗。”
　　　“但你没有孩子，将来谁帮你养老？”(bcc)
　　　→“おれ，33 で，家も車も持っているし，犬も (飼っている／いる／*持っている)。”
　　　　“でも，ご子息がいないから，老後はだれが面倒を見てくれるの？”

(38) “你居然有狗？”
　　　“这不是我的狗，这是理发店的狗”(bcc)
　　　→“犬まで (飼っている／?いる／*持っている) の？。”
　　　　“いいえ，わたしのではなくて，務めている床屋さんの。”

(39) “你也养狗啦？”

"我一直有狗"（bcc）

"お前まで犬 (を飼っている／? がいる／ ?? を持っている) の？

"ずっと (飼っている／? いる／ ?? 持っている) よ。)

　したがって，仮説(2)を次のようにまとめておく。

仮説(2)　所有物が換金の目的の家畜の所有を表わす「有」は「持っている」に，
　　　　養殖している魚介類の所有を表わす「有」は「養殖している」に訳し，
　　　　一方，換金目的ではないペットの所有を表わす「有」は，「飼ってい
　　　　る」に訳す。もっとも，ペットに関しては，主語を「に」格にして，
　　　　「～には～がいる」というように訳すことも可能である。

　ちなみに，この仮説(2)の内容は，庵功雄・高梨信乃・中西久実子・山田敏弘
著 (2000) でも，菊地康人 (2000) でも議論されていないものである。

3.3　所有者が機関や組織である「典型的所有」の場合

　この 3.3 では，所有者がすこし典型から外れた「典型的所有」を表わす「有」
の日本語訳について検討する。所有者がすこし典型から外れたケースとは，所
有者は個人ではなく，機関や組織である場合を指す。所有者が機関や組織の場
合になると，個体よりは，場所や範囲のイメージが強くなる。そのために，次
の 2 例のように，「～は～を持っている」ではなく，所有者を「に」で表す「～
がある」構文に訳したほうが自然である。

(40)　"那当然。北京 (省略) 有许多值得看的地方,如故宫,颐和园等等。"(作例)
　　　→「それはもちろんです。北京には，故宮，頤和園など見るべきとこ
　　　　ろがたくさんあります。」

(41)　印度目前有 2・7 亿头牛,其中３０％正在泌乳期。
　　　→インドには目下牛が約 2.7 億 (おり／いて),その 30％は哺乳期に入っ
　　　　ている。

　「～に～がある」構文は，本来は存在表現の構文である。したがって，所有を
表わすのに用いられるにしても，「が」格に来る存在物が，無情なら「ある」，
有情なら「いる」または「おる」というように，使い分けられる必要がある。

したがって，仮説(3)は，以下のように示しておく。

> **仮説(3)**　所有者が個人ではなく，機関や組織のような場合は，「有」を所有者を「に」で表す「～に（は）～がある」構文に訳す。そして，「が」格に来る所有物が有生か無生かによって，「いる／おる」か「ある」かが使い分けられる。

　上述の仮説(2)と同じく，この仮説(3)の内容も，庵功雄・高梨信乃・中西久実子・山田敏弘著 (2000) や菊地康人 (2000) ではとり扱われていない。

四 人間同士の血縁的，社会的つながり型所有を表す 「有」の日本語訳について

　第2節で紹介した「Ⅱ修飾部が主要部の擬似所有者である場合」に関する文レベルの所有表現をこれから人間同士の血縁的，社会的つながり型所有と呼ぶ。このケースを表す中国語の「有」の日本語訳について，これから検討する。
　このケースの日本語表現を取り上げた有名な研究に寺村秀夫 (1982) があり，そこでは

(42)　先生ニハオ手伝イサンガ二人（?アリマシタ／イマシタ）
(43)　先生ニハ女ノ子ガ二人（アリマシタ／?イマシタ）

のような例をあげて，次のように述べている。

　なお,所有の表現としては,「持ッテイル」という言い方もある。英語の'have'を'訳す'ときには「アル」よりもよく使われるようだが，上のように，所有でも，所有されるもの，つまり存在するものが生きているものであるときには，一般に「アル(イル)」の方が自然である。

（寺村 1982:157-158）

　だが，寺村秀夫 (1982) より約20年後の庵功雄・高梨信乃・中西久実子・山田敏弘著 (2000) では，上述のように，この人間同士の血縁的，社会的つながり型所有

に関して，「＜人＞は～を持っている」構文は×表示の「使えない」で，「＜人＞は～がある」構文は△表示の「誤りではないが，あまり使われない」，そして，◎表示で，「最も典型的に使われる」のは「＜人＞には～いる」構文だとされている。また，菊池康人 (2000) では，その「ある」の使用条件の <u>[1] Ｙ が Ｘ に＜その不可分な要素・一面＞としてそなわっていて，「Ｙ がある」ことが，Ｘ の＜属性＞となっていること。</u>のなかの「4-1.「[人物] がある J の場合」に該当し，「いる」には一切触れずに，次のように「ある」の用例ばかりとりあげている。

(44) 家族 (妻子) が<u>ある</u>ので，簡単に会社を辞めるわけにもいかない。

(45) 夫の<u>ある</u>身でありながら，……。

(46) 君 (に) はいい奥さんが<u>あって</u>，幸せだね。

(47) 私には老後の面倒を見なければならない独身の伯母が<u>ある</u>。

（菊池康人 2000:157）

早い時期の寺村秀夫 (1982) はともかく，同じ 2000 年に公表された後 2 者の間に，「いる」か「ある」かの揺れが見られたのは，研究者の母語方言の相違によるものか，それとも，菊池康人 (2000) はその「所有の「ある」と「もっている」」というタイトルが示しているように，研究の主要な目的が「もっている」かどうかにあるゆえ，「いる」と「ある」の相違を緻密に考えていなかったのか分からないが，筆者が調査したところでは，次の例 (48)，例 (49) のように，「いる」に訳した方が無難である。

(48) 小林<u>有</u>一个妹妹，大山是独生子。（作例）
　　　→小林さん (に) は妹さんが（<u>いる</u>／？<u>ある</u>）が，大山君は一人子だ。

(49) 大林老师没<u>有</u>子女，但<u>有</u>几个处得很好的学生，是他们一直在照顾他。（作例）
　　　→大林先生は子息に恵まれていませんが，懇意にしている学生さんが数人（<u>いて</u>／？<u>あって</u>），彼らが先生の面倒を見ていました。

そこで，仮説(4)を，以下のようにまとめることにする。

仮説(4) <u>人間同士の血縁的，社会的つながり型所有を表わす「有」は，基本的に「いる」に訳す。</u>

五 「全体・部分型所有」を表す「有」の日本語訳について

　この「全体・部分型所有」の場合は，「全体」が有情か無情かによってさらに2ケースに分けて検討したほうがよい。以下，まず有情のケースを取り上げる。

5.1 「全体」が有情の場合

　このケースに関して，上述の庵功雄・高梨信乃・中西久実子・山田敏弘著 (2000) では，「目」を例にして，◎の最も典型的に使われるのは「〜をしている」，「〜を持っている」は○の「使える」，「〜には〜がある」は△：誤りではないが，あまり使われないとされている。一方，菊池康人 (2000) ではこのケースもその [1]　Yが X に＜その不可分な要素・一面＞としてそなわっていて，「Y がある」ことが，X の＜属性＞となっていること。に該当し，その「4-2.「[物] がある」の場合」の「(a-i) Y=X の体の一部など」において，「人間（に）は手がある」のような例をあげて説明しているが，「〜をしている」などについては，一切触れていない。

　このように，2つの先行研究がそれぞれ「〜をしている」と「〜がある」を推している以上，本稿では独自の結論を出す必要がある。そこで，まず「目」から考え，「目をしてい」と「目があ」という形で現代日本語書き言葉均衡コーパスを調べたところ，前者は 123 例確認できた。以下有情が人間かどうか，それから，文体的に小説の地の文か会話かといった要素を考えて 5 例あげておく。

(50)　その男は，無精ひげをはやし，つかれたようにうつろな<u>目をしている</u>。

(51)　トーニは，かわいいブロンドの頭髪をし，灰色がかった大きい青い<u>目をしている</u>。

(52)　その馬は見事だった。大きな骨ばった栗毛で，鼻に白い切れ目があり，(中略)まわりはみんな子どもばかりなのに，追いつめられて命ごいする，傷ついた動物のような<u>目をしていた</u>。

(53)　規夫おじさんは優しくぼくの肩を叩いた。「何故そんな恐い<u>目をしている</u>？」

(54)　「ショーケンが逮捕される前に，マスコミに向かってそんな<u>目をしていた</u>ね。」

　一方，「ある」の例は以下の 1 例しかなかった。

(55)「子供だって<u>目があ</u>ります。1歳にもなれば階段で立ち止まりますよね？」

　ちなみに，次の例(56)のような，所有者そのものではなく，所有者の一部が存在場所として主語になっている例は2つあったが，この種のものは存在表現と見なすべきで，所在表現ではないから，勘定に入れないことにした。

(56)　母さんのななえさんが，やさしくいいました。
　　　「だれの顔にも<u>目があ</u>るでしょう？でもね，だれの心にも，……」

　続いて，「全体・部分」の部分が「手」であるケースについて考え，「手をしてい」と「手があ」という二つの形を現代日本語書き言葉均衡コーパスで調べた。その結果，「手をしてい」は8例検出し，以下3例あげておく。

(57)　二人は全然似ていないのだ。フランクは六フィート二インチ，百八十ポンドの武骨な大男で，手足がひょろ長く，皮のように堅い，大きな<u>手をしていた</u>。
(58)　エンドギラは実は女だった。(略)ゆたかな黒髪に黒い瞳と柔らかな曲線のくちびる。肌は病的なほど白く，白魚のような<u>手をしていた</u>。
(59)　エリシャは「とても美しい<u>手をしてい</u>らっしゃいますね」と言う。ドーソンは悲しげな声で「あなたはぼくを憎んでいますね，ちがいますか」と繰り返す。

　一方，「手があ」の用例は4つあり，以下に全部引用しておく。

(60)　これはなにですか。これはへびです。へびには<u>手があ</u>りますか。いいえ，へびには手はありません。
(61)　いぬには<u>手があ</u>りますか。いいえ，ありません。いぬには手はありません。
(62)　「それでね，私は片<u>手があ</u>るんだから両手のない岡田さんに負けてはいられない，なんて思って，主人が先生になってくれて，ワープロを一所懸命練習したのよ」
(63)　「私はまだ二本の<u>手があ</u>る，（両足は萎えていました），これで，誰かのために何かできるかもしれない，がんばります」って，言ってくれました。

このように，検証してみると，庵功雄・高梨信乃・中西久実子・山田敏弘著(2000)
の「～をしている」説も，菊池康人(2000)の「ある」説にもそれぞれ一理ある
と言える。なぜなら，用例を観察していると，存在の有無自体を問題にする場
合は「ある」でよく，どんな存在かを問題にするときには「をしている」を使
うということになっているようである。

このような結論に加えて，さらに言うと，存在物の役割の角度からの表現では，
どうも次のように「持っている」を使うようである。

(64) 東京のデパートの階段を手ぶらで駆けあがるくらい，楽なものだった。
わたしは細くはないが，引きしまった強い脚を持っていた。小型トラッ
クの重いクラッチをダブルで踏んで働いた脚だ。

(65) 蜂は，外敵から身を守るために毒針を持っています。毒針は，産卵管の
一部が変化したものと考えられており，毒針を持っているのは雌だけで
す。みつばちの場合，働き蜂は雌ですので，巣作り，蜜・花粉集め，育
児に加え，毒針を使った防御行動までを行っていることになります。

例(64)は現代日本語書き言葉均衡コーパスの例である。例(65)はミツバチの
毒針を思いつき，現代日本語書き言葉均衡コーパスにはなかったので，webサ
イトの記事で調べたら，想定した通り毒針を「武器」として述べている用例が
見つかった。

よって，仮説(5)は次のようにまとめておく。この仮説も先行研究を一段と精
密にしたものである。

仮説(5) 「全体・部分型所有」の「全体」が有情の場合，「所有物」としての
部分の存在の有無自体を問題にするときには，「有」を「ある」に訳
し，「所有物」としての部分がどのようであるのかを問題にするとき
には，「有」を「～をしている」に訳し，「所有物」としての部分の
機能を問題にするときは，「有」を「～を持っている」に訳す。

5.2 「全体」が無情の場合

このケースについて，庵功雄・高梨信乃・中西久実子・山田敏弘著(2000)で
は，一切触れられていないが，菊地康人(2000)では，上の5.1「全体」が有情

の場合と同じように, [1]　Y が X に＜その不可分な要素・一面＞としてそなわっていて,「Y がある」ことが, X の＜属性＞となっていること。に該当し,「4-2.「[物] がある」の場合」の「(a-i) Y=X の体の一部など」に入れられている。だが, 用例をあげての取り扱い方ではなく, 以下のように, 叙述の中に「机（に）は, 普通, 脚が四本ある」という言い方を含めているだけである。言い換えれば, 全体が有情の場合と混ぜた形で取り扱われているのである。

(a-i) Y=X の体の一部など

　「人間（に）は手がある」「昆虫（に）は脚が六本ある」「机（に）は, 普通, 脚が四本ある」「X さん（に）はほくろがある（前掲 (6)a)」〔以下, 所有者を省略〕「命がある」「えくぼがある」「あざがある」「傷跡がある」「白髪がある」「体重が六十キロある」など。いずれも＜属性＞を述べることになり, 先の（A）の [1] に該当する。　　　　　　　　　　　　　　　　　　　　　　　　　　（p.159）

　そこで,「机（に）は, 普通, 脚が四本ある」の「脚」を使っている例を, 現代日本語書き言葉均衡コーパスから抽出すると,「ある」の例は一例もなく, 一方,「ついている」の例が以下 2 つあった。

(66)　三代目蔵六さんは, そういう私を気の毒がってくださって, "爵" というやはり殷代から春秋ごろまで用いられた酒杯を, "これは差しあげましょう" と, 無造作に添えてくださった。小ぶりで, 脚が三本ついている。以後, 銅を見るのが, すきになった。

(67)　スシ桶は楕円形で, 尺二寸・八寸, 深さは七寸で, 高さ一寸五分ほどの脚が四本ついていた。スシ桶の底に笹の葉を敷き, その上に米麹と飯を混ぜて広げる。

　だが, 寿司桶や酒杯と脚の関係では「ついている」でよいが, 無情の「全体」が人間よりも大きい「ビル」や「天守」になると,「ビルの屋上に避雷針が設置されている」「城の天守にシャチホコが据えられている / そびえている / 載っている」が普通のようで,「ビルの屋上に避雷針がついている」や「城の天守にシャチホコがついている」については違和感を覚えるネイティブが多い。

　そこで, 仮説(6)を次のようにまとめた。

仮説(6) 「全体・部分型所有」の「全体」が無情の場合，小さめの物は，「有」を「がついている」に訳し，人間よりも大きい「ビル」などになると，「設置されている」や「据えられている」と訳したほうが無難である。

六 「所持」の場合

「所持」とは，発話時に，話し手や聞き手，または登場人物が何かを「所持」しているケースである。コミュニケーションの現場に持って来ていることもあれば，持ってきていないこともある。庵功雄・高梨信乃・中西久実子・山田敏弘著 (2000) では特に取り扱われていないが，菊地康人 (2000) では，[1] ＜その時点で，具体的なものを手の中などに所持している＞こととして，次のような例を使って，議論され，「本人の所有するものでなくても（たとえば人から一時的に預かったものであっても）かまわない」(p.159) とされている。

(68) 駅で会ったとき，A子は茶封筒をもっていた。
(69) 「今，例の書類もってる？」
　　　「ええ，かばん（車）の中にもってます。」　　　　　　　　　　(p.159)

だが，この手の日本語の所持表現は，中国語の「有」構文ではなく，例 (68) の「持っている」は次の例 (70) のように「拿着」に対応し，また，例 (69) の二つの「持っている」はそれぞれ例 (71) のように，「帯着」と「在」に対応する。

(70) 在车站见到她的时候，A（手里）拿着一个茶色的信封。
(71) "（现在）你带着那些文件吗？"
　　　"带着。在包（车）里。"

中国語の「有」で表現する所持現象は。例えば以下の例 (72) のような，中国の大学のキャンパスでよく耳にする会話である。この場合の「有」は，「ある」と「持っている」のどちらに訳してもよかろうが，どちらかというと，「ある」のほうが日常会話としてなじみがあるのではないか。

(72) "小王，有一张今天晚上的电影票，你去看吗？"（上海）

→王さん，今晩の映画の切符（がある／を持っている）けど，見に行く？

また，所持物が特定の場所にあれば，存在表現のイメージが湧いてくるため，次の例 (73) のように，「ある」にしか訳せないと思われる。

(73)　那天他的钱包里连喝一杯咖啡的钱都没有。

→その日，彼の財布にはコーヒー一杯を買うお金も（なかった／*持っていなかった。）

したがって，仮説(7)を次のようにまとめることにする。

仮説(7)：所持表現としての「有」は日本語の「ある」に訳したほうが無難である。

七　まとめ

本稿では典型的な「所有」及び「所持」を表わす中国語の「有」をいかに日本語に適切に訳すかについて考察し，以下のような仮説を提案した。

仮説(1)　所有者が個人で，所有物が譲渡可能な有形のものである典型的な所有関係を述べる「有」は，基本的に「持っている」に訳す。

仮説(2)　所有物が換金の目的の家畜の所有を表わす「有」は「持っている」に，養殖している魚介類の所有を表わす「有」は「養殖している」に訳し，一方，換金目的ではないペットの所有を表わす「有」は，「飼っている」に訳す。もっとも，ペットに関しては，主語を「に」格にして，「〜には〜がいる」というように訳すことも可能である。

仮説(3)　所有者が個人ではなく，機関や組織のような場合は，「有」を，所有者を「に」で表す「〜に（は）〜がある」構文に訳す。そして，「が」格に来る所有物が有生か無生かによって，「いる／おる」か「ある」かが使い分けられる。

仮説(4)　人間同士の血縁的,社会的つながり型所有を表わす「有」は,基本的に「いる」に訳す。

仮説(5)　「全体・部分型所有」の「全体」が有情の場合，「所有物」としての部分の存在の有無自体を問題にするときには，「有」を「ある」に訳し，「所

有物」としての部分がどのようであるのかを問題にするときには,「有」を「〜をしている」に訳し,「所有物」としての部分の機能を問題にするときは,「有」を「〜を持っている」に訳す。

仮説(6) 「全体・部分型所有」の「全体」が無情の場合,小さめの物は,「有」を「がついている」に訳し,人間よりも大きい「ビル」などになると,「設置されている」や「据えられている」と訳したほうが無難である。

仮説(7) 所持表現としての「有」は日本語の「ある」に訳したほうが無難である。

　典型的な所有から,形は所有表現の構文を取りながらも,意味から見ると,状態表現,属性表現として捉えたほうが適切だと考えられる周辺的な所有表現を表わす「有」の日本語訳についての考察は,今後別稿で行う計画である。

参考文献

庵功雄・高梨信乃・中西久実子・山田敏弘著 (2000)『初級を教える人のための日本語文法ハンドブック』スリーエーネットワーク,2000 年 5 月

菊地康人 (2000)「所有の「ある」と「もっている」」『世界の日本語教育』10, 2000 年 6 月

張麟声 (2019)「中国語の名詞フレーズの日本語訳に関する一考察」,『中文日訳の基礎的研究（一)』,pp.3 〜 23,日中言語文化出版社,2019 年 10 月

寺村秀夫（1982)『日本語のシンタクスと意味 I』,くろしお出版,1982 年 11 月

William Croft 2003.Typology and Universals (2nd edition).Cambridge University Press

移動を表す"V进"の日本語訳について

王　軼群

一　はじめに

　中国語の"V进"という動補構造は、前項動詞Vが表す動作によって、移動物が外から（容器の）中へ移動することを表す表現である。前項動詞Vが移動の様態、手段、原因などを表すのに対して、後項動詞の"进"は移動の経路や結果を示し、方向（あるいは結果）補語と呼ばれる。

　"V进"を日本語にどう訳せばいいのか。日本語にも構造と意味が似ている複合動詞「V＋込む」が存在するが、そのまま"V进"に対応しているだろうか。本稿では、"V进"の用法を整理した上、中日対訳コーパスや中日辞書から収集した用例を利用し、"V进"の各意味用法に対応する日本語表現について考察してみたい。

　刘月华 (1998) は、"V进"の用法を外部から内部への移動を表すものと結果の意味を表すものの2種類に分けている。また、范立珂 (2016) では、"V＋进／出"が表す移動に自律移動（"自移"）、付随移動（"伴随位移"）、対象移動（"他移"）、虚構移動（"虚拟位移"）の4種類があるとされている。

　「V込む」に関しては、姫野 (1999) は「- 込む」の意味を内部移動と程度進行に分類している。松田 (2004) は認知意味論の観点から「- 込む」のコア図式を検討し、用法を4つのタイプにまとめている。その中で、（移動先をあらわす）ニ格を伴なう「- 込む」の用法を「V 1は「内部移動」を含意しない」というAタイプと「V 1自体は「内部移動」を含意する」というBタイプに分け、「- 込む」は「内部への移動」と「その場への固着」のふたつの意味的イメージをその根底に併せもっていると指摘している。

　一方、王秀英 (2012)、張志凌 (2014) では日本語の複合動詞「V込む」の意味体系を分析し、中国語の複合動詞"V进／入"との対照研究がなされている。

　本稿では、これらの先行研究に基づき、"V进"の用法を、移動の意味を表すものと結果の意味を表すものに大きく分類し、前者をさらに主体移動と客体移動、後者を情報獲得の結果と結果状態に分けて検討を進めていきたい。

二　移動の意味を表す "V进"

　移動の意味を表す "V进" は、さらに自らの力による主体移動と他力による客体移動に分けられる。

2.1　主体移動

　主体移動は主に人間の移動を指すが、動物や自然力による移動もこの中に含まれる。

2.1.1　デフォルト値の主体移動　"走进、飞进、爬进" 類　→　入る

　(1) a. 老师走进了教室[1]。

　　　b. 先生が教室に入った。

　　　c.?? 先生が教室に歩いて入った。

　(1a) は先生が教室の外から中へ移動したことを表すが、これを日本語に訳すと (1b) になる。(1c) の "走进" を直訳した「歩いて入った」を使うと不自然になる。これについて、杉村 (2000：159) は「中国語は、空間移動のデフォルト値 "走" を言語化する方向でデザインされているが、日本語は、デフォルト値「歩く」を非言語化する方向でデザインされている」と述べている。

　このように、"走进" を日本語に訳す際、移動の様態を表す「歩く」はデフォルト値であるため言語化されず、移動の経路を表す動詞「入る」だけになる[2]。もちろん、"老师进了教室（先生が教室に入った）" も中国語では自然な表現であるが、"走进教室" のほうがむしろ日常で多用されている。

　人間の移動のデフォルト値は「歩く」であるが、鳥や昆虫が「飛ぶ」、虫が「這う」動作もそれぞれの移動のデフォルト値になると考えられる。実際、中国語の "(蜜蜂) 飞进"、"(虫子) 爬进" を日本語に訳すとき、「飛んで入る」「這って入る」ではなく、(2)（3）に示されているように「入る」に訳されている[3]。

　(2) 屋子里飞进来一只蜜蜂。

---

1)　例文出典の表記において、〈コーパス〉は『中日対訳コーパス』、〈辞典〉は『中国語辞典』（白水社）を指す。出典のない例文は作例である。

2)　松本 (1997) は、日本語の移動動詞を様態と附帯状況を包入するもの（「歩く、走る、這う、飛ぶ」など）と方向性、経路位置関係を包入するもの（「行く、来る、入る、出る」など）に分けている。以下それぞれ様態移動動詞、経路移動動詞と称する。

3)　「部屋に鳥が飛び込んできた」は言えるが、「飛び込む」は勢いよく入るという意味で、「飛ぶ」という様態で入るという意味ではない。

　　　部屋に蜂が<u>入ってきた</u>。

　(3)　虫子<u>爬进了</u>墙缝。

　　　虫が壁のすき間に<u>入っていった</u>。〈辞典〉

　すなわち、中国語では人間や動物の移動様態を言語化する傾向があるが、日本語では言語化しないのが自然である[4]。

　(4)　走 / 飞 / 爬　　＋　　　进　　　　→　　　　入る
　　　　↓　　　　　　　　　　↓　　　　　　　　　↓
　　　様態移動動詞　＋　経路移動動詞　→　経路移動動詞

2.1.2　体の動きや姿勢を伴なう主体移動

　「歩く、飛ぶ、這う」のような移動様態だけでなく、中国語には、体の動きや姿勢を伴いながら移動することを表す"V 進"が数多く存在する。このタイプの"V 進"は日本語の経路移動動詞「入る」か複合動詞「V 込む」に訳されることが多い。

　①　"跨进、摸进、躺进"類　→　　入る

　"跨进"は「またいで入る、踏み入る」、"摸进"は「手探りしながら入る」という意味で、何かの姿勢や手段で移動することを表す。"躺进"は「入って横になる」という意味で、移動してからある姿勢をとるということである。これらを日本語に訳す際、ぴったり対応する言葉はない。

　(5)　高大泉<u>跨进了</u>小屋。

　　　高大泉は小屋へ<u>入った</u>。〈コーパス〉

　(6)　他关好大门，<u>摸进</u>自己的屋子里。〈コーパス〉

　　　彼は表門を閉めて、<u>手探りで</u>自分の部屋に<u>入った</u>。〈コーパス〉

　(7)　島村<u>躺进</u>被窝，她趴到桌子上去喝水。

　　　島村が寝床に<u>入る</u>と、女は机に胸を崩して水を飲んだが、…〈コーパス〉

　例 (5) ～ (7) の日本語訳から分かるように、"跨进、摸进、躺进"はいずれも「入る」に訳されている。"摸进"だけはデ格で手段を表しているが、ほかの日本語訳において体の動きや姿勢は反映されていない。

---

4)　Talmy(2000) は世界の諸言語を付随要素枠付け言語 (satellite-framed language) と動詞枠付け言語 (verb-framed language) に二大別している。前者の言語は、動詞が移動の様態、手段を表し、移動の経路は不変化詞などの付随要素によって表されるが、後者の言語では、移動の経路が動詞で表され、様態や手段は付随要素で表現される。Talmy は中国語を前者の付随要素枠付け言語に、日本語を後者の動詞枠付け言語に分類している。

② "挤进、钻进、闯进"类 → V込む

"挤进、钻进、溜进、拥进"なども体の動きや姿勢を伴う移動を表すものである。これらの表現には日本語の複合動詞「割り込む」「潜り込む」「忍び込む」「なだれ込む」などが対応できる。例 (8) 〜 (11) である。

(8) 一会儿又有新的客人慢腾腾地走进来，只向上原先生轻轻地点点头，就<u>挤进</u>那一伙中间去了。

　　新客がのっそりはいって来て、上原さんにちょっと会釈しただけで、一座に<u>割り込む</u>。〈コーパス〉

(9) 说罢，又<u>钻进</u>人群，不见了。

　　と云いながら又人の波のなかへ<u>潜り込ん</u>でどっかへ行ってしまった。

〈コーパス〉

(10) 静宜一溜烟一样地<u>溜进</u>了屋。

　　静宜が影のようにスッと部屋に<u>忍びこんだ</u>。〈コーパス〉

(11) 大伙儿把他推推搡搡地<u>拥进</u>了大门。

　　皆はぐいぐい彼を押しながら門の中へ<u>なだれ込んだ</u>。〈辞典〉

一方、動きの勢いが強い移動を表す"跑进、闯进、冲进、扑进"などは通常日本語の「飛び込む」か「駆け込む」に訳される。たとえば例 (12) 〜 (15) である。

(12) 他<u>跑进了</u>庄子，庄子里静静的，见不到人。

　　村に<u>駆けこんだ</u>ら、村はひっそりとして、人影がなかった。〈コーパス〉

(13) 奶奶哭天抢地，直<u>闯进</u>大门。

　　祖母は泣きわめきながらなかへ<u>駆けこんだ</u>。〈コーパス〉

(14) 她迫不及待地<u>扑进了</u>母亲的怀抱。

　　母の胸に<u>飛びこんでいった</u>。〈コーパス〉

(15) 我听到有人急匆匆地从外面<u>冲进</u>楼道，又从楼道向屋里冲来。

　　誰かがアパートの玄関に<u>飛びこみ</u>、廊下を駆けてきた。〈コーパス〉

人間や有生物の移動だけでなく、無生物や自然現象の移動を表す"V进"も「V込む」に訳されることが多い。

(16) 冷空气一下<u>吹进了</u>屋里。

　　冷たい空気が部屋にふっと<u>流れ込んだ</u>。〈コーパス〉

(17) 那冒着水汽融成的雪水，哗哗作响地<u>流进了</u>河川。

　　湯気をたてた雪どけ水は、水音もたかく川へ<u>流れこんでいた</u>。

〈コーパス〉

(18) "酒精溶液如果渗进去的话活儿就难干了。"

　　「アルコール液がしみこむと作業がやりにくくなるからな」〈コーパス〉

　(16) は空気の移動、(17) は水の移動、(18) はアルコール液の移動をそれぞれ表しているが、"吹进" と "流进" は「流れ込む」、"渗进" は「染み込む」に訳されている。

　以上見てきたように、主体の移動を表す "V 進" は、デフォルト値の移動を表す際、経路移動動詞の「入る」にしか訳されないが、体の動きや姿勢を伴なう移動や自然現象の移動の場合、「入る」か複合動詞の「V 込む」に訳されることが多い。

2.2　客体移動

　客体移動というのは、人やものが他力によって移動されることである。客体移動を表す "V 進" において、V は移動の手段や原因などを表す。

2.2.1　客体が人間である場合

①　手助けによる移動　　　"扶进、抱进" 類　→　抱えて／支えて〜入れる

　"扶进"、"抱进" というのは、人を手で支えたり、抱いたりして主体と客体がともに中へ移動することであるが、日本語に訳す際、移動手段は「抱えて」「抱きかかえて」「支えて」のように動詞のテ形で表し、移動は「運ぶ」や「乗せる」などの他動詞で表し、手段と移動を切り離して表現する必要がある。

(19) 他那矮小的身体竭尽了全身的力量，才把玉枝抱进卧室。

　　小柄な躯で精一杯の力をふりしぼって、玉枝を抱きあげ、寝所にはこんだ。〈コーパス〉

(20) 司机忙伸出大手来把陆文婷扶进驾驶室，一直小心地把车开到医院的急诊室。

　　運転手は大きな腕で陸文婷を抱きかかえて運転台に腰をかけさせると用心深く病院の急患室まで運転して行った。〈コーパス〉

(21) 毛泽东把程潜扶进车里，两人同乘一辆车，来到中南海的菊香书屋。

　　毛沢東は手で支えて程潜を車に乗せ、一緒にその車に乗って中南海の菊香書屋に行った。〈コーパス〉

②　発話による移動　　　"叫进、让进" 類　→　呼び入れる、招じ入れる

　発話によって人を移動させることを表す中国語は "叫进"、"让进"、"劝进"、"迎

进”などがあるが、日本語の「発話動詞＋入れる」に訳されることが多い。

(22) 两个老太太在里面嘀咕了好一会儿，然后把辛小亮叫进来了。

二人の老婦人は奥でひとしきりしゃべってから辛小亮を呼び入れた。

〈コーパス〉

(23) 荀磊把他让进自己屋，请他坐定，问："您是——"

荀磊は客を招じ入れながらたずねた。「あの、どなたでしょうか？」

〈コーパス〉

(24) 把客人迎进屋里。

お客を部屋に迎え入れた。〈辞典〉

(22) の"叫进（来）"、(23) の"让进"、(24) の"迎进"にそれぞれ「呼び入れる」「招じ入れる」「迎え入れる」が対応している。一方、話し言葉では、"叫进（来）"は「発話動詞＋てくる」に訳されることもある。たとえば (25) である。

(25) 把他叫进来吧。

彼を呼んできてください。

2.2.2　客体がモノである場合

①　デフォルト値の客体移動　"放进、装进"類　→　入れる／しまうなど

あるモノを容器などの内部へ移動する場合、基本的に手によって実現されるが、それを表すのに中国語では"放进"、"装进"が最もよく用いられる。移動の様態を表す"走"が人間の移動のデフォルト値であると同じように、移動の手段・方法を表す"放"、"装"は客体移動のデフォルト値であると考えられる。これらを日本語に訳す際、手段・方法は言語化されず経路移動他動詞「入れる」だけになることが多い。たとえば例 (26) 〜 (29) である。

(26) 把书装进书包。

本をかばんに入れる。

(27) 平底锅热了之后请把鸡蛋放进去。

フライパンを熱してから卵を入れてください。〈辞典〉

(28) 又饥又渴的小姑娘赶忙揪了一颗果子放进嘴里。

のどが渇き、おなかも空いた女の子は急いで一粒つみ取り、口に入れました。〈コーパス〉

(29) 从小杂货铺买来了牙粉、牙刷和手巾，装进一个帆布包里，送给了俺。

来る途中小間物屋で買って来た歯磨と楊子と手拭をズックの革鞄に入

れて くれた。〈コーパス〉

　手によるモノの内部移動は、"放进、装进" のほかに "投进、搁进" などがある。次の (30) 〜 (32) の例文から分かるように、日本語ではいずれも "投、搁" が訳出されず、「入れる」だけになっている。

(30) 把信投进了信筒。

　　　手紙をポストに入れた。

(31) 于是我也从衣袋里拍出一枚百元硬币投进贮币盒。

　　　僕もポケットから百円玉を出して貯金箱に入れた。〈コーパス〉

(32) 她用那 "通讯录" 将那张 "梅兰芳舞台艺术" 的 "小型张" 夹住，搁进了那暗兜之中。

　　　例の「梅蘭方の舞台芸術」の小型シートを手帳にはさみ、ポケットに入れた。〈コーパス〉

　例 (26) 〜 (32) に示されているとおり、主体移動の "走进" と同じような日本語訳の現象が観察される。つまり、移動の手段・方法を表す動詞は中国語では多様性があるものの、日本語では訳出されないことが多い。

(33)　放／装／投／搁　　＋　　　進　　　　　→　　　入れる

　　　手段・方法を表す動詞　＋　経路移動動詞　→　経路移動他動詞

　客体の内部移動を表すのに、「入れる」が代表的であるが、移動だけでなく、元の場所や入れ物などの中に納める、片づけるという意味を強調する場合、「しまう、納める、片づける」に訳されることもある。例 (34) 〜 (36) は "放进"、"装进" の日本語訳の例である。

(34) 郑重地把那张纸条装进了贴胸的衣兜里，又躺下了。

　　　受け取った紙をていねいに胸ポケットにしまって、また横になった。

　　　　　　　　　　　　　　　　　　　　　　　　　　　　　　〈コーパス〉

(35) 随即把它捞起来，装进背包里，又随手把拿到院子里的东西扔进泉水里。

　　　それを拾って背負袋に納め、庭に出していたものを手当たり次第に泉水に投げこんで、…〈コーパス〉

(36) 看女佣李嫂伺候母亲换了衣服，自己给母亲把换下来的出门的新衣折好，放进衣柜里去。

　　　女中が母の着換えを手伝うのをみて、自分も母の衣類など戸棚にかた

づけるのだった。〈コーパス〉

②　勢いやスピードがある客体移動　　　“扔进、推进”類　→　Ｖ込む

　勢いよくモノを移動する、速いスピードでモノを移動することを中国語は“扔进”、“推进”、“插进”、“灌进”などで表すが、日本語に訳すと、複合動詞「Ｖ込む」で表現されることが多い。例えば、

(37) 绿子把烟扔进水洼。

　　　緑は水たまりの中に煙草を投げこんだ。〈コーパス〉

(38) 车站工作人员把乘客推进电车车厢。

　　　駅員さんが乗客を電車の中に押し込む。

(39) 我正在画室里看晚报，又听到砰的一声，有人把钥匙插进大门里了。

　　　私がアトリエで夕刊を読んでいる時、又ガタリと云う音がして、表のドアへ誰かが鍵を挿し込みました。〈コーパス〉

(40) 他抓住衬衫的领子，让空气灌进衣服里，一副精神抖擞，坐立不安的样子，他侧耳听了一会儿外边的动静。

　　　シャツの襟元をつまんで、空気を送りこみながら、気負い立った落着かない様子で、しばらく外の気配に耳そばだてる。〈コーパス〉

　例 (37) ～ (40) において、“扔进”と「投げ込む」、“推进”と「押し込む」、“插进”と「挿し込む」、“灌进”と「送り込む」はそれぞれうまく対応している。

　以上の分析から分かるように、中国語の“Ｖ进”を日本語に訳すとき、経路移動動詞になることも複合動詞「Ｖ込む」になることもあるが、訳された動詞の意味に経路や結果の意味を含意しなければならない。(37) を例にすると、“把烟扔进水洼”は「水たまりの中に煙草を投げこんだ」と訳されるが、「水たまりの中に煙草を投げた」に訳すと不自然になる。影山（1996）は次のような例を挙げて分析している。

(41) ボールを {10 メートルも／あそこまで／ ?* ゴールの中に} 蹴った。

(42) 荷車を {10 メートルほど／あそこまで／ ?* 店に} 押した。

(影山（1996：268））

　影山は、日本語の「蹴る」「押す」は「MOVE と着点との合成が行われていない」と説明し、「これは日本語の移動様態動詞が一般的に着点が取れないことと平行している」としている。つまり、「?* 学校に歩く」「* 押し入れの中に這う」が不自然であると同じように、「?* ボールをゴールの中に蹴る」「?* 荷車を店に押す」も基本的に言えず、「蹴る」「押す」の後に着点含意の「入れる」「込む」を

82

付けて、「ボールをゴールの中に蹴り入れる」「荷車を店に押し込む」のように複合動詞にしなければならないということである。

しかし、逆に「-込む」をつけると不自然になる例も見られる。松田 (2004)では次のような誤用例が挙げられている。

(43) * カッコの中に適当な言葉を埋め込んで（→埋めて）ください。

松田 (2004：97)

(43) における「埋め込む」の誤用は恐らく中国語の“填进”から直訳されたものであろう。松田 (2004) が指摘しているように、「飛び込む」における「-込む」と違って、「埋める」はもともと「埋める」自体が「カプセルを庭に埋める」のように内部への移動を含意しているため、「埋め込む」は内部移動だけでなく、「しっかり、奥深く」「その場への固着」という意味が生まれてくる。(43) の誤用は、「しっかり、奥深く」などのニュアンスがなく、「「動作・行為そのもの」に関心がある文脈で、「-込む」をつけている」(松田 (2004:97)) ことによるものである。次の (44) は“埋进”が「埋め込む」ではなく、「埋める」に訳される例である。

(44) 我在弟弟身旁躺下，把脸埋进充满汗臭和小动物气息的毯子里。

　　僕は弟の横にもぐりこみ、顔を汗と小動物の臭いのする毛布に埋めた。

〈コーパス〉

(44) において、“埋进”は顔を毛布に埋めるということを表すが、「しっかり、奥深く」「固着」という意味がないので、「埋め込む」には訳せない。

同様なことが次の主体移動を表す (45) ～ (48) における“掉进”の訳し方にも観察される。

(45) 有一年冬天他路过什刹海，见一个小朋友掉进了冰窟窿，他便毫不犹豫地跑去救出了那小朋友来…

　　ある年の冬、什刹海を通りかかったとき、子供が氷の裂けめから水の中へ落ちるのを見た。彼はすばやく肌さす水の中にとびこんで救いあげた……と。〈コーパス〉

(46) 筷子当啷滚下粥碗，四个炸糕一下掉进了粥里。

　　その瞬間、箸がコロンと転げ落ちて、揚げ饅頭はドンブリのお粥の中に落ちてしまった。〈コーパス〉

(47) 所以可以说人是主动掉进由自己的欲望所挖成的陷阱的。

　　人は自分の欲という自分が作った罠に自ら進んで落ちこんでゆくのである。〈コーパス〉

(48) 村里的女人更同情她了，都说她掉进了苦井里。

　　　村の女たちは前にも増して同情し、あの若後家は苦い水しか出ない井戸に落ちこんだ、と口々に言いあった。〈コーパス〉

　例(45)、(46)において、人の「水の中」への移動、揚げ饅頭の「お粥の中」への移動を表す"掉进"は「落ちる」に訳されているが、(47)、(48)において、人が「罠」「井戸」への移動（抽象的ではあるが）を表す"掉进"は「落ち込む」に訳されている。「落ちる」と異なり、「落ち込む」には「奥深く」「固着」というニュアンスがあるからである。

　このように、移動を表す"V进"には「V込む」が対応することが多いが、「埋め込む」「落ち込む」のように、前項動詞が内部移動の意味を含意する場合、「しっかり、奥深く」「その場への固着」というニュアンスがあるため、訳すときに注意が必要である。

三　結果の意味を表す"V进"

　結果の意味を表す"V进"は中国語では動結式とも呼ばれ、前項動詞は移動の意味を表さず、前項動詞の動作によって、ある結果を引きおこすことを表す構造である。このタイプの"V进"はさらに情報獲得の結果と結果状態の2種類に分けられる。

3.1　情報獲得の結果を表す"V进"　　　"听进、学进、写进"類　→　意訳

　"听"、"看"、"写"、"学"などは感覚や学習を表す動詞で、"听进、看进、写进、学进"は情報の獲得や知識の習得の結果を表現する。日本語には直訳できる言葉はなく、意訳になることが多い。

(49) 刚才伙伴们议论纷纷，他半句也没有听进去。

　　　仲間たちがあれこれと議論していたことなど、てんで耳に入っていなかった。〈コーパス〉

(50) 我几乎没有听进多少字句，只陷在自己的悲哀之中。

　　　実を言えば、話はほとんど頭に入らず、私はひたすら自分の悲しみに浸っていた。〈コーパス〉

(51) 可如今不同了，文化子不知咋的开了窍，一下子学进去了。从班上最后一名蹿到第一名。

84

しかし今は違った。どうしてか文化子が開眼し、急に勉強に<u>身をいれ</u><u>だして</u>、クラスのビリからトップに躍り出たのだった。〈コーパス〉

(52) 他把对她们的批判<u>写进</u>自己的学习心得与思想总结里。

彼は彼女たちへの批判を自分の学習体得や思想総括に<u>記した</u>。

〈コーパス〉

例 (49)、(50) における "听进" はいずれも否定文に使われており、情報が耳に入らないことを表している。一方、"听进" は情報の獲得だけでなく、意見を聞いて受け入れるという意味も表す。この場合、日本語の「聞き入れる」が対訳できる。たとえば (53) である。

(53) 任你怎么说，我老婆就是<u>听不进去</u>。

それを我輩が言うんだけれど、どうしても家内は<u>聞き入れない</u>。

〈コーパス〉

(52) の "写进" は書いた内容が本や文章の一部になることを表す。日本語にも形が似た「書き込む」「書き入れる」という複合動詞があるが、「申込書に名前を書き込んだ」、「余白に住所と電話番号を書き入れた」のように、記入するという意味を表し、中国語の "在……写上" に当たるが、"写进" には対応しない。

3.2 結果状態を表す "V进" "凹进去、瘪进去" 類 → ひっこむ／へこむ

"凹进去、瘪进去、呕进去" といった表現は対応する "V进来" の形がないため、刘月华（1998）では、特別表現とされている。日本語にも似た表現があり、姫野 (1999) はこのような用法を、「主体の一部が自己の内部に向かって陥没する」と説明し、「くぼみこむ、ひっこむ、へこむ」などを挙げている。

(54) 这辆车的车门<u>凹进去</u>了。

この車はドアが<u>へこんでいる</u>。〈辞典〉

(55) 但另一个<u>凹进去</u>的小厅，除摆上饭桌吃饭，再铺排一张折叠床，安顿保姆，当不成问题。

ダイニングルームのほうは奥に<u>ひっこんだ</u>部分があるので、食卓のほか、折り畳み式のベッドもそこに置ける。そうするとお手伝いさんを頼むこともできるようだ。〈コーパス〉

(56) <u>呕进去</u>的双眼，凸出的后脑勺，大大的耳郭。

<u>ひっこんだ</u>眼、とび出たうしろ頭、大きな耳。〈コーパス〉

この用法は、空間移動ではなく、主体の内部への陥没を内部移動の結果とし

て捉える主観的移動を表すものである。この点において、日中両言語は共通したところを持っている。

四　まとめ

　本稿では、動補構造"V进"の日本語訳について検討してきた。結果をまとめると、以下のようになる。
① "走进、飞进、爬进"のようなデフォルト値の主体移動は「入る」に訳す。
② 体の動きや姿勢を伴なう主体移動は、"跨进、摸进"のような一部「入る」に訳すものがあるが、"钻进、闯进、冲进"などは「V込む」に訳すことが多い。
③ "放进、装进"のようなデフォルト値の客体移動は「入れる」に訳す。
④ "扔进、推进"のような勢いがある客体移動は、「V込む」に訳す。
⑤ "扶进、抱进"のような手助けによる人の移動は、"手段＋移動の他動詞"に訳す。"叫进、让进"のような発話による人の移動は、「V入れる」に訳す。
⑥ "听进、学进、写进"のような情報獲得の結果を表すものは、意訳する。
⑦ "凹进去、瘪进去"は「ひっこむ、へこむ」に訳す。

参考文献

王秀英（2012)「日本語の複合動詞「〜こむ」類と中国語の複合動詞"- 进 / 入"類との対照研究—認知意味論からのアプローチ」,『言語科学論集』, 73-84.

杉村博文（2000)「"走进来"について」,『荒屋勤教授古希記念中国語論集』, 白帝社. 151-164.

Talmy, Leonard (2000) Toward a cognitive semantics, Vol. II: Typology and process in concept structuring, MIT Press: Cambridge, MA.

張志凌（2014)「複合動詞「〜こむ」の意味体系—中国語との対照的視点から—」, 東京外国語大学博士学位論文.

范立珂（2016）試探"进，出"的位移事件表达,《西安外国语大学学报》, 2016 年第 24 巻第 4 期 .

姫野昌子 (1999) 複合動詞の構造と意味用法』, ひつじ書房.

松田文子 (2004)『日本語複合動詞の習得研究—認知意味論による意味分析を通して』, ひつじ書房 .

松本曜 (1997)「空間移動の言語表現とその拡張」, 田中茂範・松本曜著『空間と移動の表現』(日英語比較選書 6), 研究社 .

刘月华 (1998)『趋向补语通释』，北京语言大学出版社．

卢英顺(2007)“进”类趋向动词的句法、语义特点探析,《语言教学与研究》2007 年第 1 期.

例文出典

北京日本学研究中心『中日対訳コーパス (第一版)』

伊地知善継編 （2002）『中国語辞典』白水社

4 副詞的表現の中文日訳研究

「一边〜一边」の日本語訳について

村松由起子

一 はじめに

　本稿では，中国語の "一边〜一边" がどのような日本語の形式に訳せるのか
を考察する。中国語の "一边〜一边" は基本的には日本語の「ながら」と対応
関係があり，同一主体によって 2 つの動作が同時並行的に行われることを表す
形式である。以下の用例のように "一边〜一边" は基本的に「ながら」に訳す
ことができる。なお，用例は先行研究の用例も含め，中国語，日本語の順に示し，
本稿の考察に合わせて下線を付してある。また，中日対訳コーパスの用例につ
いては，原文には作品名を，コーパス中の対訳には「対訳」と記載する。

(1) 他一边看电视，一边吃晚饭。（作例）
　　彼はテレビを見ながら，晩御飯を食べている。（作例）

(2) 他一边弹吉他，一边唱歌。（作例）
　　彼はギターを弾きながら，歌を歌っている。（作例）

(3) 她一边说一边笑。（关于女人）
　　彼女はいいながら笑った。（対訳）

(4) 她一边穿衣，一边向丈夫怯声问道：（青春之歌）
　　かの女は服をきながら，おずおずと夫にたずねた。（対訳）

(5) 敲钟的是徐悦悦，一边敲一边朝饲养场上望。（插队的故事）
　　鐘を鳴らしているのは徐悦悦だが，鳴らしながら飼育場のほうを眺めて
　　いる。（対訳）

　しかし，"一边〜一边" の訳となる日本語の形式を詳しく見ていくと，"一边〜
一边" が「ながら」以外の形式，例えば「て」や「たり」などに訳せる場合もある。

(6) 我又饥又渴，一边往前爬，一边寻着能充饥的东西。（轮椅上的梦）

わしは飢え渇いて傷だらけの体を引きずって，何か口に入れる物はない
かと探した 。（対訳）
(7) 欢迎的群众一边跳舞，一边唱歌。
歓迎の群衆は踊ったり，歌ったりしている。（刘他 1991，p.594）

「ながら」を“一边～一边”に対応する基本的な日本語形式と考えた場合，両
言語の対応関係には，大きく分けて 3 通りのパターンがある。すなわち，①「な
がら」のみに訳せる場合，②「ながら」だけではなくその他の形式にも訳せる場合，
③「ながら」以外の形式で訳し，「ながら」には訳せない，または，訳しにくい
場合である。

　①のケースの場合は，「ながら」を使って訳すことが可能であるので基本的な
対応として扱うことができ，日本語に「訳す」という視点からはあまり問題が
ないであろう。②のケースの場合も「ながら」を使って訳せるという点では①
と同じであるが，「ながら」以外に使用可能な形式があるという点で，文脈など
からどの形式を使用するのが適切かという選択が必要になる。そして，中文和
訳という視点から最も重要なのは③のケースの，“一边～一边”が「ながら」に
は訳せない場合である。③の場合，「ながら」以外の形式を使用することになる
ため，“一边～一边”を日本語に訳す際には注意が必要である。

　本稿では，考察の手順として，まず，先行研究にて“一边～一边”の基本的な
意味・用法を確認し，“一边～一边”が使用されるバリエーションを整理した上で，
“一边～一边”の日本語訳に対応する日本語の形式を，意味・用法の種類別に分類
する。次に，上記①②③のどのケースに日本語のどの形式が該当するのかを考察
し，最後に考察のまとめとして，“一边～一边”の訳し方を仮説として提示する。

　中文日訳の視点から問題になるのは②③のケースであることから，②のケー
スについては，どのような場合に日本語のどの形式で訳すのが適切かという点
を，③のケースについては，どのような場合に“一边～一边”が「ながら」で
は訳せないのか，その場合，“一边～一边”はどのような形式に対応するのかと
いう点を可能な範囲で明らかにしたい。

二　“一边～一边”の意味・用法と形式のバリエーション

　手順に従い，まず，中国語の“一边～一边”の意味・用法を確認しておく。

　"一辺～一辺"の意味・用法については呂編（1980，1992），邢（2001）など
に記述があるが，ここでは中国語の用例に日本語訳が示されている呂編（1992）
を取り上げる。呂編（1992）では"一辺～一辺"について，「2つ以上の動作
が同時に進行することを表す。動詞の前に用いる（p.436）」と説明されており，
用例の日本語訳には（8）（9）のように「ながら」が用いられている。

(8)　孩子们<u>一辺</u>唱，<u>一辺</u>跳（子供たちは<u>歌いながら</u>踊っている）

（呂編 1992，p.436）

(9)　他<u>一辺</u>说着话，<u>一辺</u>收拾工具（彼は<u>話をしながら</u>道具をかたづけている）

（呂編 1992，p.436）

　このように，先行研究においても，中国語の"一辺～一辺"は基本的に日本
語の「ながら」に訳すことが確認できる。
　また，呂編（1992）の説明に，「2つ以上の動作」とあるように，"一辺～一辺"
は3つの動作にも用いることができ，呂編（1992）の用例にも"一辺"が3つ
使用されている（10）がある。

(10)　他<u>一辺</u>听电话，<u>一辺</u>记，<u>一辺</u>招呼客人坐下（彼は<u>電話の応待をしながら</u>
　　　メモをとり，客に腰を下ろすよう促している）（呂編 1992，p.436）

　日本語の「ながら」は基本的に「～ながら～ながら」という連続使用ができ
ない。このような"一辺"が3つ使用されている場合については考察が必要な
ため，後ほど扱うことにする。
　次に，"一辺～一辺"が使われる形式のバリエーションを整理しておく。"一
辺～一辺"には，"一辺～一辺"以外に，"V着"との併用，片方を省略した形式，
"一"を省略した形式のパターンもあるので，考察に入る前に，本稿で扱う"一
辺～一辺"の形式パターンを整理しておきたい。具体的には以下の4つのパター
ンがある。"V"と"V着"の違いを示すため，以下では「～」を「V」に置き
換えて示す。

　1．"一辺V一辺"
　2．"一辺V着一辺"

3．“一边Ｖ”（片方のみ）

4．“边Ｖ边”（一の省略）

　1が基本の形式であり，3，4は1の一部が省略されている形式であるため，3，4は1に含めることにする。2の併用できる場合については，本稿では，“着”を省略できれば1のケースに含め，“着”を省略できなければ，“一边～一边”を単独で使用することができないことから，本稿では扱わないことにする。例えば，（11）は“着”を省略できるケース，（12）は“着”を省略できないケースである。

　（11）她一边笑（着），一边说。

　（12）她一边哼着歌，一边走。

　つまり，本稿で扱うのは，1の“一边～一边”のバリエーションとして集約できる形式になる。また，“一面～一面”という形式も2つの動作の同時進行を表し，“一边～一边”と同じ意味・用法を持つ[1]ことから，“一面～一面”の用例も考察の対象とした。

三　“一边～一边”が対応する日本語の形式

　では，“一边～一边”に対応する日本語の形式を，意味・用法の種類別に分類していく。

　上記で確認したように，“一边～一边”は基本的には日本語の「ながら」に訳せるが，“一边～一边”が対応する日本語の形式は「ながら」だけではない。付帯状況の「て」や連用形とも対応し，さらに付帯状況以外の意味・用法を表す「～たり～たり」「～とすぐ」「～一方で」などにも対応する。本稿では中日対訳コーパス，月刊『中国語[2]』，先行研究などから，“一边～一边”の用例を収集して整理をした。その結果，“一边～一边”が対応する日本語の形式には以下のものがあり，これらは大きく，付帯状況系，対比系，継起系，その他に分けることができた。付帯状況系については，さらに，基本形式である「ながら」とそれ以

---

1)“一边～一边”と“一面～一面”の比較については邢（2001）p.178-179 を参照。

2) 1954 ～ 2004 年に刊行された月刊誌。中国語友の会編，内山書店。

外の形式とを分けることにし，本稿では，"一边〜一边"に対応する日本語形式の種類をⅠ〜Ⅴに分類した。なお，「〜たり〜たり」は，本来，並列を表す形式である[3]が，同時進行という点から，本稿では付帯状況系に入れて扱っている。

Ⅰ．付帯状況系：ながら

Ⅱ．付帯状況系：つつ，て／（連用形），〜たり〜たり，かたわら

Ⅲ．対比系：〜一方で

Ⅳ．継起系：〜とすぐ

Ⅴ．その他

Ⅱに入れてある「つつ」については，「ながら」との違いは基本的には文体による違いである[4]ことから，本稿では考察を省くことにする。

また，「て」と連用形の違いも，基本的には文体による違いである[5]が，付帯状況の場合は，後述するように，連用形は使われにくいため，（　）に入れて示しておく。

以下では，Ⅰ〜Ⅴの意味・用法の分類を踏まえながら，①②③の日本語訳のパターン別に考察していく。そして，最後にまとめとして，"一边〜一边"がどのような場合にどのような日本語に訳せるかの仮説を提示する。

四　①「ながら」のみに訳せる場合

"一边〜一边"は基本的には「ながら」に訳せることが多く，この①のパターンが"一边〜一边"の最も典型的な訳し方である。

以下は"一边〜一边"が「ながら」のみに訳せる用例である。

（13）说着，就给注射麻醉剂，<u>一边打一边说</u>：（人到中年）
　　　言い終わると早速麻酔剤を<u>打ちながら</u>言った。（対訳）

（14）<u>一面抖身的雪</u>，一面问：
　　　体にかかった雪を<u>振るい落としながら</u>，尋ねた。（中国語 2000 年 11 月 p.63）

（15）她<u>一边穿衣</u>，一边向丈夫怯声问道：（青春之歌）

---

3) 庵他（2000）p.196 などを参照。

4) グループ・ジャマシイ編（2001）p.306 などを参照。

5) 庵他（2000）p.191 などを参照。先行研究によっては「中止形」を用いている。

かの女は服を<u>きながら</u>，おずおずと夫にたずねた。（対訳）（（4）再掲）

　「麻酔剤を打つ」「振るい落とす」などのように瞬間的な動作を表す動詞や「着る」などのような変化のある動作を表す動詞[6]の場合，日本語の「て/（連用形）」は同時進行ではなく，継起的な意味になってしまう。そのため，この種の動作を表す動詞の場合は，基本的に"一边〜一边"の訳として「て/（連用形）」を使うことができない。この場合の"一边〜一边"は「ながら」のみに訳せるので①のケースになる。
　実際の小説などでは，瞬間的な動作や変化のある動作を表す動詞の場合に，"一边〜一边"を「て」に訳している用例を見かけるが，この場合，"一边〜一边"を「て」に訳すと，日本語では継起的な意味になってしまい，中国語の本来の意味から離れてしまう。（16）（17）では「よけて」「広げて」と訳しているが，（16）（17）の"一边〜一边"は同時進行の意味なので，「ながら」を用いて「よけながら」「広げながら」としたほうが原文に忠実な訳になる。

（16）刘祥刚要说什么，猛听背后一串自行车的车铃响，就收住话，<u>一边朝路边躲</u>，<u>一边扭头去看</u>。（金光大道）
　　　劉祥は何か言おうとしたが，うしろでけたたましく自転車のベルが鳴ったので，道ばたに<u>よけて</u>振り向いた。（対訳）
（17）爸爸<u>一边展开报纸</u>，一边语气郑重地说：（轮椅上的梦）
　　　父は新聞を<u>広げて</u>，言葉を選んで話し始めた。（対訳）

　さらに，（18）のように"一边〜一边"が逆接的な「ながら（も）」に訳せるケースもある。

（18）道静<u>一边吃惊</u>，一边连连点头，不再说什么。（青春之歌）
　　　道静は<u>驚きながらも</u>，つづけざまにうなずき，もうなにもいわなかった。
　　　　　　　　　　　　　　　　　　　　　　　　　　　　　　　　　（対訳）

　（18）の場合，「ながら」は明確な逆接ではなく，順接と逆接の中間的なものである。「驚いて何も言わなかった」のように因果の意味であれば「て」も使え

---

6)「着る」は主体変化のある動作動詞。工藤（1995）p.74 などを参照。

るが，逆接の意味では「て」を用いることはできない。

五　②　"一边～一边" が「ながら」にもその他の形式にも訳せる場合

5.1　"一边～一边" が「ながら」にも「て / (連用形)」にも訳せる場合

　"一边～一边" が「ながら」にもその他の形式にも訳せる場合の形式としては，「て / (連用形)」「かたわら」「～一方で」がある。

　まず，「ながら」にも「て / (連用形)」にも訳せる場合から見ていきたい。

　"一边～一边" が「ながら」にも「て / (連用形)」にも訳せる場合には，「ながら」でも「て / (連用形)」でもいい場合と，文脈などによって「ながら」に訳すか「て / (連用形)」にも訳せるのかを判断しなければならない場合がある。

　次の (19) (20) の "一边～一边" は「ながら」にも「て」にも訳すことができる。このような動詞には「笑う，泣く」などがある。

(19)　他一边笑，一边说。(作例)
　　　彼は {笑いながら / 笑って} 言った。(作例)
(20)　女儿一边哭一边替母亲揩眼泪。(作例)
　　　娘は {泣きながら / 泣いて}，母親の涙を拭いてあげた。(作例)

　このタイプの動詞は，主体や客体に変化がない継続的な動作を表す動詞であり，日本語では「て / (連用形)」を用いて付帯状況を表すことができるので，"一边～一边" を「ながら」にも「て / (連用形)」にも訳せる場合が多い。特に，「笑った，泣いた」など，「た」形が通常，動作の開始を表す動詞は「ながら」にも「て / (連用形)」にも訳すことができる。

　一方，主体や客体に変化がない継続的な動作を表す動詞でも，「走った，食べた」など，「た」形が通常，動作の終了を表す動詞の場合は，「ながら」のほうが自然な場合が多く，文脈などによって「ながら」に訳すか，「て / (連用形)」でもいいのかを選択しなければならない。例えば，「走ってボールを拾っている」「つまみを食べて料理が来るのを待っている」など手段・方法の意味を持つ場合は「て」が使えるが，次の (21) (22) では「走って，食べて」は使えず，「走りながら，食べながら」が自然である。

(21) 電車很得意地跑了过来，那车轮子“咣当，咣当”地响，好象一个人一边跑一边大声地笑。(金光大道)
　　電車がえらそうにして通ると，ガタンガタンと車輪が響き，人が {走りながら /?? 走って} 大声で笑っているみたい。(対訳 / 作例)
(22) 一边吃，一边对小俞甜迷迷地笑道：(青春之歌)
　　そして，{たべながら /*たべて}，淑秀に笑いかけた。(対訳 / 作例)

　さらに，次の (23) の「体を引きずって探す」のように，主体の姿勢を表す場合には，"一边～一边"を「ながら」にも「て / (連用形)」にも訳しやすい。

(23) 我又饥又渴，一边往前爬，一边寻着能充饥的东西。(轮椅上的梦)
　　わしは飢え渇いて傷だらけの体を {引きずりながら / 引きずって}，何か口に入れる物はないかと探した。(作例 / 対訳 ((6) の再掲))

　つまり，変化がない継続的な動作を表す動詞で，「て / (連用形)」が手段・方法や主体の姿勢を表す場合には，"一边～一边"を「ながら」にも「て / (連用形)」にも訳しやすいと考える。
　なお，連用形の場合は「て」よりも付帯状況になりにくい[7]が，(24) のように付帯状況になる場合もある。

(24) 周囲ではだれもが座席から立ち上がり，手をたたき，歓声をあげていた。
　　　　　　　　　　　　　　　(アフリカゾウを救え) (村松 2018, p.24)

5.2 "一边～一边"が「ながら」にも「かたわら」にも訳せる場合
　次に，「ながら」にも「かたわら」にも訳せる場合を見ていく。
　「かたわら」は「主な活動・作業以外の空いた時間に，一方で」[8]という意味を持ち，"一边～一边"が「ながら」にも「かたわら」にも訳せる場合と，「かたわら」のみに訳せる場合がある。ここでは前者を見ていく。
　「ながら」にも「かたわら」にも訳せるのは，(25) (26) のように，2つの動作の優先度・重要度にあまり差がない場合である。

---

7) 日本語の連用形は付帯状況にはならないとされているが (日本語記述文法研究会編 (2008,p.286) など)，(24) のように，文脈によっては，付帯状況を表すことも可能である。
8) グループ・ジャマシイ編 (1998) p.78 などを参照。

(25) 因为父亲是个并不注重赚钱，热心于琴棋书画的人，所以晶子从十三,四岁时起，就一边上学读书，一边帮助家里经营买卖。（对译）

父は経済観念に乏しく，芸事や読書に熱心な人であったから，晶子 は十三,四才の頃から女学校に {通いながら / 通うかたわら}，帳場に坐って家業を手伝った。（作例 / 近代作家入門）

(26) 我赞成边改革，边治理环境整顿秩序。（邓小平文选第三卷）

改革を {行いながら / 行うかたわら}，環境整備・秩序整頓に取り組むことにわたしは賛成だ。（作例 / 对译）

これらの場合，「かたわら」は「空いた時間に」というよりも，「一方で」というニュアンスを持っている。

5.3 "一边〜一边" が「ながら」にも「〜一方で」にも訳せる場合

今回収集した用例の中には，このケースの用例は見つからなかったが，上記 (25)(26) の用例は「〜一方で」でも訳せるのでここで扱っておく。(25)'(26)' は (25)(26) をアレンジした作例である。

(25)' 晶子は女学校に {通いながら / 通う一方で}，帳場に坐って家業も手伝った。（作例）

(26)' 改革を {行いながら / 行う一方で}，環境整備・秩序整頓にも取り組んだ。（作例）

(25)'(26)' のように，「〜一方で」が対比というよりも，2 つのことを同時並行的に行っている意味を表す場合は，"一边〜一边" が「ながら」にも「〜一方で」にも訳せる場合がある。同時並行的に行っているので，「家業も」「秩序整頓にも」のように「も」を使用したほうが自然な訳になる。

六 ③「ながら」には訳せずその他の形式に訳す場合

6.1 Ⅱ. 付帯状況系：「て / (連用形)」「たり」「かたわら」
6.1.1 "一边〜一边" を「て / (連用形)」に訳す場合

②になるケースについては上記で述べたので，ここでは「て / (連用形)」が

③のケースになる場合を扱う。実際には，③のケース，すなわち「ながら」に訳せず「て／（連用形）」に訳せるケースはほとんどないが，（27）のような慣用的な表現として「て／（連用形）」のほうが自然になる場合がある。（27）の場合，日本語訳は「読みながら話す」ではなく，用例のように「読んで聞かせる」という表現のほうが自然である。

（27）周丽平说:"这个你用不着愁。我们专门请了小学生,干活收工和歇着的时候,轮流在那儿值班,给不识字的人一边念，一边讲。(金光大道)
　　　「それは心配ないワ，小学生に頼んで，仕事のあととか休みの時に，交替で当番になってもらって，字を知らない人に読んできかせるようにするから」（対訳）

6.1.2　"一边～一边"を「たり」に訳す場合

　用例は多くないが，"一边～一边"を「たり」に訳す場合もある。このケースには2種類あり，一つは，主体が一定の時間内に異なる動作を同時並行的に行っている場合，もう一つは3つ以上の動作が同時進行・並行的に行われている場合である。3つ以上の動作の場合については「たり」以外の形式とも関わるので，6.1.4で扱うことにし，ここでは前者の，主体が一定の時間内に異なる動作を同時並行的に行っている場合について述べる。

　次の（28）（29）（30）の主体は「数羽のにわとり」「私たち」「群衆」であり，ともに主体は複数の集合体である。

（28）另外还有刚刚赶到的几只鸡，一边用爪子扒着土，一边伸长脖子，东张西望地叫唤着。(金光大道)
　　　そして，いまし方やってきたにわとりが数羽，土をかき出したり，首をのばしてキョロキョロしながら鳴き声をあげたりしている。（対訳）
（29）您也到这个地方玩来啦？我们领着文学会的学生正在这儿一边玩，一边念诗呢。(青春之歌)
　　　先生もここへ，遊びに来られたんですか？わたしたち，文学サークルの生徒と一緒に，ここで遊んだり，詩を朗読したりしてたところなんです。
（対訳）
（30）欢迎的群众一边跳舞，一边唱歌。

歓迎の群衆は<u>踊ったり</u>，歌ったりしている。（刘他 1991，p.594）（(7)
に波線を付して再掲）

　このケースの場合，(28)(29)(30)のように主体が複数である場合が多い。
「ながら」を用いて，「土をかき出しながら首をのばす」「遊びながら詩を朗読す
る」「踊りながら」とすると，同一の複数主体がみんな一緒に2つの動作を同時
に行っている意味になり，「たり」とは異なる意味になる。このような"一辺～
一辺"の場合，「たり」の代わりに「ながら」を使うことができないか，あるい
は「ながら」を使うと意味が異なってしまうので，③のケースになる。

6.1.3　"一辺～一辺"を「かたわら」に訳す場合

　②になるケースについては 5.2 で述べたので，ここでは「かたわら」が③のケー
スになる場合を扱う。このケースも多くはない。

(31)　一天中午，高大泉打草回来，见娘一边纺线还一边看着猪食锅，因为手腕
　　　子累得疼，不住地皱眉头，就赶忙帮着娘喂猪。（金光大道）
　　　ある日の昼，高大泉は草刈りから帰ってきた。<u>母親が糸をつむぐかたわ
　　　ら</u>，豚の餌の面倒をみていた。疲れて手首が痛いのか，やたらに顔をし
　　　かめている。高大泉は急いで，母親の手伝いにいった。（作例[9]）

　(31)では「糸をつむぐ」と「豚に餌をやる」の2つの動作を同時進行的に行っ
ているというよりも，「糸をつむぐ合間に豚に餌をやる」状況である。このよう
に"一辺～一辺"が「合間に」という意味を持つ場合，日本語の形式としては「か
たわら」を用いて訳す。(31)も「ながら」を用いて「糸をつむぎながら豚の餌
の面倒をみていた」とすることもできないことはないが，「ながら」に置き換え
ると「合間に」というよりも，2つのことを同時に行っている意味になり，「か
たわら」とは意味が異なってしまう。(31)の場合は「かたわら」のほうが適切
である。
　次の(32)も「専門の研究の合間に趣味である翻訳をしている」ので，「なが
ら」では訳しにくく「かたわら」のほうが適している[10]。

---

9)　対訳コーパスの日本語訳では「糸つむぎのかたわら」と訳されていた。
10) Ⅴ1もⅤ2も研究に関する動作・行為であれば「自分の専門の研究を{するかたわら/しながら}，
　　違う分野の学会にも積極的に参加している」などのように，「ながら」も使いやすくなる。

（32）那位教授<u>一边</u>从事自己的专业研究，一边还翻译一些她所喜欢的作家的作品，以此来作为自己的业余爱好。

その教授は，自分の専門の研究を<u>するかたわら</u>，好きな作家の翻訳をすることを趣味としている。（グループ・ジャマシイ編 2001, p.102）

つまり，主となる動作があり，「その合間に」という意味がはっきりしている場合，"一边～一边"は「ながら」には訳せず，「かたわら」に訳す必要がある。

6.1.4　3つの動作の場合

次に3つの動作が行われている場合についてみていく。

2節で述べたように，中国語は"一边～一边～一边"の形式が可能なのに対して，日本語の「ながら」は基本的に「～ながら～ながら」の形では使えないので[11]，3つ以上の動作の同時進行の場合は，(33)のように「Ｖ1ながらＶ2（て／（連用形）），Ｖ3」や「Ｖ1たりＶ2たりしながらＶ3」など形式を組み合わせて訳す必要がある。

（33）他<u>一边</u>听电话，<u>一边</u>记，<u>一边</u>招呼客人坐下（彼は電話の応待をしながらメモをとり，客に腰を下ろすよう促している）（呂編 1992, p.436）（（10）の再掲）

邢（2001）にも"一边～一边～一边"の用例があり，（34）は日本語では「Ｖ1たりＶ2たりしながらＶ3」の形式に訳せる。

（34）我和两个客人，<u>一边</u>饮酒，<u>一边</u>吸烟，<u>一边</u>畅谈。（《不能改正的错误》，《花城》1983 年第 3 期 94 页）（邢 2001, p.177）

私と二人の客は，酒を飲んだり，タバコを吸ったりしながら，語り合った。（作例）

邢（2001）は"一边Ｖ1一边Ｖ2"の同時進行には2種類あるとして，2つの動作が干渉しない意味・用法とそれぞれの動作が交錯して干渉する意味・用

---

11) 「小降りになって視界が良くなると眠くなるし（>_<）大好きな B'z の CD を聞きながら，歌いながら無事に旭川に着きました（Yahoo！ブログ）」（村松（2019）の用例）や「警察犬は息を吸ったり吐いたりしながら，歩きながら捜索を行います（ブログ）」など，ブログなどでは「～ながら～ながら」の使用も見つかる。

法を挙げている（p.178）が，（34）は後者の用例である。"一边～一边"が動作
が交錯して干渉する意味を持つ場合，日本語の訳では基本的に「たり」が用い
られる。

　また，3つの動作のケースには，（35）のように，"一边"は2つであるが，"一
边～一边"の後ろに，さらにもう一つ，同時進行の動作が続く場合もある。

（35）他一边煮着挂面条，一边抹着布满灰尘的桌子，喃喃道：（青春之歌）
　　　かれはそうめんを煮たり，ほこりだらけのテーブルを拭いたりしながら，
　　　ぶつぶつと<u>つぶやいた</u>。（対訳）

（35）では「そうめんを煮る」「テーブルを拭く」「つぶやく」という3つの動
作が同時に並行して行われているため，日本語では「ながら」以外の形式と組
み合わせる必要がある。この場合も（35）のように，「Ｖ1たりＶ2たりしなが
らＶ3」の形式が適している。

　3つの動作の同時進行についてはさらに考察が必要なので，ここでは「Ｖ1
たりＶ2たりしながらＶ3」という基本的な訳し方を提示するにとどめておき
たい。

6.2　Ⅲ．対比系
6.2.1　"一边～一边"を「～一方で」に訳す場合

　"一边～一边"を対比系の日本語形式で訳さなければならない場合もある。
本稿では対比系の形式の一つとして「～一方で」を扱っていく。

　②になるケースについては5.3で述べたので，ここでは「～一方で」が③のケー
ス，すなわち「ながら」には訳せず「～一方で」に訳す場合をみていく。

　"一边～一边"がこの対比の意味・用法で使用されることはあまりないが，次
のような場合がある。

（36）我们<u>一边</u>去北京，一边派人去上海。
　　　私が北京に<u>行く一方で</u>，誰かを上海に行かせる。（豊嶋2008，p.58）

「～一方で」などの形式以外では，「には」などが用いられる場合もある。次
の（37）では"一边～一边"の対比のニュアンスを日本語では「には」で訳し，

対比を表している。

（37）阳光象一个忙碌的画家，<u>一边</u>给灰菜淡黄的叶子镶上淡紫色的花边儿，<u>一边</u>又为沙蒿粗壮的枝桠描上黯红色的条纹，（以下略）。（轮椅上的梦）
日の光は働き者の画家のように，黄ばんだ葉<u>には</u>薄紫の花を<u>添え</u>，太いアカザの枝の股には暗赤色の縞模様を描いて<u>まわった</u>。（対訳）

（36）（37）と，5.3 の（25）'（26）'との違いは，（36）（37）のほうが対比の意味が明確であることである。この場合，"一边〜一边"を「ながら」で訳すことは難しい。用例が少ないため，今後，引き続き考察が必要であるが，現段階では，対比の意味が明確な場合は"一边〜一边"を「ながら」では訳すことは難しいと考える。

6.2.2　異主体の場合

"一边〜一边"を「ながら」に訳すことができない対比系の一つに，異主体の場合がある。異主体はⅠ〜Ⅴの分類には入れていないが，"一边〜一边"が異なる主体でも使用できるのに対して，「ながら」は同一主体でなければならないことから，③のケースになるため，ここで扱っておく。（38）（39）は異主体の"一边〜一边"の用例である。

（38）<u>你</u>一边说，<u>我</u>一边写（<u>あなたが</u>話し，<u>私が</u>書く）。（吕编 1992，p.437）
（39）<u>老师</u>一边弹琴，<u>小朋友们</u>一边唱。（主体が異なり，時間と場所が同じ場合）
（<u>先生は</u>ピアノを弾き，<u>子供は</u>歌を歌う。）（張 2006，p.92）

6.3　Ⅳ．継起系
6.3.1　"一边〜一边"を「〜とすぐ」に訳す場合

"一边〜一边"を継起系の日本語形式に訳さなければならない場合もある。この場合，"一边〜一边"を「ながら」では訳せないので③のケースになり，継起的な日本語の形式で訳さなければならない。ここでは継起的な日本語の形式の一つとして「〜とすぐ」を見ておく。
次の（40）は"一边〜一边"を「〜とすぐ」に訳すケースである。

(40) …刘小芳<u>一边挂</u>书包，一边在摆好饭的餐桌旁坐下。

　　（…劉小芳はかばんを<u>掛けるとすぐ</u>，食事がすっかり並んだ食卓に座っ
　　た。）王朔 3p.110（豊嶋 2008, p.68 の用例）

　豊嶋（2008）は，"一边～一边"のこの用法について，「継起する動作・行為
AB に同時性を付加し，迅速さを強調する（p.71）」用法とし，「ながら」にはな
い用法だとしている。

　（40）のように"一边～一边"を継起的に「～とすぐ」などに訳さなければな
らない場合は，次の（41）とは異なるので注意しなければならない。（41）では"一
边～一边"を連用形を用いて継起的に訳しているが，4 節の（16）（17）と同様
に，（41）の"一边～一边"は同時進行の意味なので，中国語の原文に忠実に訳
すのであれば，「ながら」を用いて「出しながら」で訳すのが適切である。した
がって，（41）の"一边～一边"は継起的な訳し方をしなければならないケース
には該当しない。

(41) 今日，他一迈进门坎，先收住步子，<u>一边从兜里掏出</u>烟荷包，一边左右巡
　　视；（金光大道）
　　ところがきょうの秦富は，入口の敷居をまたぐと，立ちどまってポケッ
　　トから煙草入れを<u>だし</u>，左右へゆっくりと目をはしらせた 。（対訳）

七　V．その他

　ここでは上記にあてはまらないものを「その他」として取り上げる。

　小説などでは，"一边～一边"の後項の動詞が，日本語訳では省略されている
用例があったので，ここで触れておく。小説では"一边～一边"の後項の動詞
に"说"が用いられている場合に，"说"の日本語訳「言う」が省略されている
用例がいくつか見つかった。この場合，(42)(43) のように会話が続くことから，
日本語訳としては「言う」が省略されていても支障はない。

(42) 朱铁汉<u>一边朝屋里走</u>一边说："得了吧，还吹哪，连个工农联盟的联字儿
　　都不认识，还吃到肚子去啦？"（金光大道）
　　朱鉄漢は部屋の中<u>へ入って行った</u>。「そう無理しなくていいですよ，工

農連盟の連の字も知らねえで，何を飲み込んでんのやら」（対訳 [12]）

(43) 周忠一边摘老花镜，一边说："这跟唱本不一样，唱本都是老词熟句子，顺口往下诌，就行了。…（金光大道）

周忠はメガネをはずした。「芝居の本は古い言葉とか，きまり文句ばっかりだから，出まかせに読んでっても大丈夫だが，これは違う。…（対訳）

　このケースは"一边〜一边"の前項部分の問題ではないが，後項部分の動詞が訳されないことで，日本語の文が複文の構造ではなくなるため，「ながら」などが使用されなくなっている。

八　まとめ

　本稿での考察を表1にまとめる。

表 1 "一边〜一边"に対応する日本語訳

意味・用法	形式	①	②	③
付帯状況系	ながら	○	○	―
	て / （連用形）	―	○	△
	たり	―	―	○
	かたわら	―	○	○
対比系	〜一方で	―	○	○
継起系	〜とすぐ	―	―	○

　最後に，考察結果を"一边〜一边"の訳し方の仮説としてまとめておく。

仮説 1："一边Ｖ１一边Ｖ２"のＶ１の動詞が変化のある動作動詞や瞬間動詞の場合，"一边〜一边"は基本的に「ながら」に訳す。

仮説 2："一边Ｖ１一边Ｖ２"のＶ１の動詞が変化を持たない継続動詞の場合，基本的には「ながら」にも「て / （連用形）」にも訳せる。ただし，どちらの形式でもいいのは「笑う，泣く」など動詞が限られている。そ

12）（42）はこの部分だけを取り出すと，「入って行った」にややつながりの悪さを感じるかもしれないが，さらに後続する文脈を確認したところ，「入って行った」の訳でも問題がなかった。

の他の動詞は「ながら」のほうが自然か「ながら」のみ使える場合が多いが，手段・方法や主体の姿勢を表す場合は「て／（連用形）」にも訳しやすい。

仮説 3 ： 2 つの動作が交錯しながら同時並行的に進行する場合は基本的に「たり」に訳す。この場合，主体が複数である場合が多い。

仮説 4 ："一边～一边"が「合間に」の意味を持つ場合，「かたわら」に訳す。動作・行為の優先度にあまり差がない場合は「ながら」にも訳せるが，主たる動作・行為が明確な場合は「ながら」には訳せない。

仮説 5 ："一边～一边"が対比の意味を持つ場合，対比を表す「～一方で」などに訳す。対比の意味が強くなく， 2 つのことを同時並行的に行っている意味を表す場合は「ながら」にも「～一方で」にも訳せる場合がある。

仮説 6 ："一边Ｖ 1 一边Ｖ 2 "のＶ 1 とＶ 2 の動作が同時には行えず，Ｖ 1 の後にＶ 2 が生じることが明らかな場合，継起的な「～とすぐ」などに訳す。

仮説 7 ： 3 つの動作の同時進行の場合，中国語では"一边Ｖ 1 一边Ｖ 2 一边Ｖ 3 "や"一边Ｖ 1 一边Ｖ 2，Ｖ 3 "などの形式が使われるが，日本語の「ながら」は連続使用できないため，「Ｖ 1 たりＶ 2 たりしながらＶ 3 」などに訳す。

参考文献

庵功雄・高梨信乃・中西久実子・山田敏弘（2000）『初級を教える人のための日本語文法ハンドブック』スリーエーネットワーク

工藤真由美（1995）『アスペクト・テンス体系とテクスト—現代日本語の時間の表現—』ひつじ書房

グループ・ジャマシイ編（1998）『日本語文型辞典』くろしお出版

グループ・ジャマシイ編（2001）『日本語文型辞典中国語訳（簡体字版)』くろしお出版

邢福义（2001）『汉语复句研究』商务印书馆

張岩紅（2006）「"V1 着 V2"と"一边 V1 一边 V2"との関係について」『日中言語対照研究論集』第 8 号，日中対照言語学会，pp.90-107

豊嶋裕子（2008）「"一边 A 一边 B"と「Ｐながら Q」についての一考察」『日中言語対照研究論集』第 10 号，日中対照言語学会，pp.57-73

日本語記述文法研究会編（2008）『現代日本語文法 6』くろしお出版

村松由起子（2018）「テ形接続と連用形接続の差異に関する一考察—日本語教育の視点から—」『雲雀野』第 40 号，豊橋技術科学大学，pp.19-27

村松由起子（2019）「中国語母語話者の付帯状況「〜ながら」の使用実態—誤用観察
　　と文法性判断テストを通じて—」『雲雀野』第 41 号，豊橋技術科学大学，pp.1-13
呂叔湘主編（1980）『現代汉语八百词』商务印书馆
呂叔湘主編（牛島徳次・菱沼透監訳）（1992）『中国語文法用例辞典』東方出版
刘月华・潘文娱・故韡（相原茂監訳）（1991）『現代中国語文法総覧（下）』くろしお
　　出版

用例出典

「中日对译语料库第一版」北京日本学研究中心
月刊『中国語』中国語友の会編，内山書店（2004 年廃刊）

執筆者紹介

王軼群（おう　いつぐん）

神戸大学大学院総合人間科学研究科博士課程修了（2005 年）。博士（学術）。
中国人民大学外国語学院准教授。著書，論文に『空間表現の日中対照研究』（く
ろしお出版，2009 年），「从有界性看日汉语致使移动和致使变化的表达方式」（《日
语学习与研究》2013 年第 8 期）などがある。

太田匡亮（おおた　きょうすけ）

大阪大学大学院言語文化研究科博士後期課程在学中。2017 年～ 2019 年語学学校
ダイワアカデミー翻訳通訳コース講師。中国語母語話者を対象とした中日通訳・
翻訳科目を担当。著書，論文に《国际汉语教学模式研究》（共著，北京语言大学
出版社（中国），2021 年予定），「中国語の連用修飾フレーズ“耐心 (de)+VP”の
日本語訳について」（『中文日訳の基礎的研究（二）』，2021 年）がある。日本中
国語学会・中国語教育学会・汉日对比语言学研究（协作）会・日本通訳翻訳学会・
日本会議通訳者協会・通訳品質評議会など会員。

古賀悠太郎（こが　ゆうたろう）

神戸市外国語大学大学院外国語学研究科博士課程修了（2014 年）。博士（文学）。
台湾・静宜大学日本語文学系助理教授。著書，論文に『現代日本語の視点の研
究―体系化と精緻化―』（ひつじ書房，2018 年），「対話の場面で「太郎は嬉しい」
が可能になるとき」（『日本語文法』19 巻 1 号，2019 年），「“V 着”“在 V”の日
本語訳について」（『中文日訳の基礎的研究（二）』，2021 年）などがある。

杉村泰（すぎむら　やすし）

名古屋大学大学院文学研究科満期退学（2000 年）。博士（学術）。名古屋大学
大学院人文学研究科教授。著書に《日语语法问题解疑》（外语教学与研究出
版社（中国）、2007 年）、『現代日本語における蓋然性を表す副詞の研究』（ひ
つじ書房、2009 年）、『中国語話者のための日本語教育文法を求めて』（共著、
日中言語文化出版社、2017 年）、『中国語話者に教える』（共著、webjapanese、
2021 年）などがある。

張麟声（ちょう　りんせい）

　大阪大学大学院文学研究科博士課程修了（1997 年）。博士（文学）。大阪府立大学人間社会システム科学研究科教授。著書に《汉日对比研究与日语教学》（高等教育出版社（中国），2016 年），『新版 中国語話者のための日本語教育研究入門』（日中言語文化出版社，2011 年），『日本語教育のための誤用分析―中国語話者の母語干渉 20 例―』（スリーエーネットワーク，2001 年）などがある。

村松由起子（むらまつ　ゆきこ）

　名古屋大学大学院文学研究科日本言語文化専攻博士前期課程修了（1990 年）。修士（学術）。豊橋技術科学大学総合教育院准教授。著書，論文に「中国人日本語学習者の長音化及び /e/ の誤りに関する一考察―探索的調査として―」（『中国語話者のための日本語教育研究』第 3 号，2012 年），「付帯状況表現に関する日中対照研究―「～ながら」「～て」と"一边 V1 一边 V2""V 1 着 V2"―」（『中国語話者のための日本語教育研究』第 8 号，2017 年），「「ながら」の周辺的な意味用法に関する一考察」（『日本学刊』vol.22，2019 年）などがある。

編集委員会名簿

中文日訳の基礎的研究（三）

2021 年 12 月 10 日　初版第 1 刷発行

編 者　　張　　麟　声

発行者　　関 谷 一 雄

発行所　　日中言語文化出版社
　　　　　〒531-0074　大阪市北区本庄東2丁目13番21号
　　　　　ＴＥＬ　０６（６４８５）２４０６
　　　　　ＦＡＸ　０６（６３７１）２３０３

印刷所　　有限会社 扶桑印刷社

©2019 Printed in Japan
ISBN978 － 4 － 905013 － 71 － 6